서양 배우의 역사

그리스에서 현대까지

차례
Contents

연극은 왜? 배우는 어떻게?

연극의 탄생

사람은 태어나면 반드시 죽게 된다. 들과 산을 달리며 맹수를 사냥하던 사냥꾼도, 한 나라를 천년만년 통치할 것 같았던 위대한 왕도, 평생을 고된 일에 시달렸던 노예도 죽음 앞에서는 차이가 없었다. 귀한 집안의 여자도, 가난한 집의 계집애도 아이를 낳을 때는 똑같이 고통스러웠다.

찬찬히 세상을 바라보니 무언가 인간보다 더 큰 힘이 있는 듯했다. 그것은 떠오르고 지는 해와 멈추고 달려오는 바다보다도 더 위대한 듯했다. 어쩌면 해와 달, 바다 모두가 들을 수는 없지만 그 힘을 찬양하는지도 모른다.

그 힘을 경배하고 싶어졌다. 죽은 사람들, 죽을 사람들, 그리고 살아있는 사람들을 위해서. 죽은 사람은 더 좋은 세상으로 데려가고, 살아있는 사람에게는 풍성한 곡식을 달라고 빌어보자.

같이 모여서 춤을 추고, 음악에 맞추어 이런저런 말들을 읊조렸다. 혼자보다는 사람들과 함께 하였더니 신비한 힘이 생기는 듯했다. 가슴이 후련해지는 듯, 기쁨으로 숨이 막힐 듯, 전혀 다른 시간과 공간에 와 있는 듯, 신비한 체험이었다. 연극은 이렇게 태어났다.

배우의 탄생

신을 경배할 일은 점점 많아졌다. 소망도 많아졌다. 부족끼리 더욱 하나가 될 필요도 있었다. 하나가 되기 위해서는 그간 미워했던 감정들을 털어내야 했는데 신을 경배하는 축제는 이러한 일들에 너무도 적합했다. 머리를 흔들고 온몸으로 춤을 추다보면 묵은 감정의 찌꺼기는 흔적도 없이 사라졌으니까.

춤과 노래가 기본이었다. 각 부족에서 춤과 노래에 특히 소질 있는 사람들을 뽑았다. 몸을 유달리 잘 움직이고 목소리가 크고 낭랑한 사람들, 그 사람들을 추려서 부족을 대표로 노래하고 춤을 추도록 했다. 그리고 그들을 코러스(Chorus)라고 불렀다. 코러스가 만들어지면서 코러스를 지도하는 사람(코러스장)도 필요했다. 코러스 중에 가장 노래와 춤에 능한 사람을 뽑았다. 코러스 장은 주로 코러스의 합창을 지도하면서, 그 노래를 반주로 삼아 즉흥적으로 이야기를 지어 읊곤 했는데 어느 날 한 코러스 장이 무리에서 뛰쳐나와 무대 위에 혼자 올라서고 말았다. 그가 바로 테스피스(Thespis)였다.

테스피스는 합창단에 묻혀있기보다는 조금이라도 높은 단 위에 서서 관객의 시선을 한몸에 받으며 자기의 노래를 마음껏 선보이고 싶었다. 합창대원들은 당황했지만 관객들은 긍정적인 반응을 보였다. 노래가 전부인 합창보다는 무대에 올라선 한 명의 배우(가수)가 합창대와 이야기를 주고받는 형식이 더 박진감 있게 느껴졌기 때문이다. 이렇게 테스피스는 최초의 배우가 되었다.

신의 후예 – 그리스 배우들

전쟁의 기운이 감돌기만 하더니 실제로 아테네와 페르시아 간에 전쟁이 터지고 말았다. 이전에도 몇 번의 전쟁에 나가 승리를 거둔 적이 있었지만 에스킬러스(Aeschylus, B.C. 525~456)는 답답했다. 전쟁은 이겨도 져도 참혹한 것이 아닌가. 시를 읽고 음악을 즐기던 일상을 한동안 접어야 했다. 나는 귀족이 아닌가? 또한 존경받는 아테네의 군인이 아닌가? 승전보에 맞추어 거리를 행진할 수도, 더 큰 존경을 받을 수도 있지만 그 모두가 사람의 피 값임을 알기에 마음은 더 무거웠다.

에스킬러스는 조용히 신에게 간구했다.

"언제까지입니까? 언제까지 인간들이 손에 피를 묻혀야 하겠습니까?"

신이 대답했다. “너희의 어리석음을 깨닫고 나에게 완전히 승복할 때까지이다.”

한참 만에 에스킬러스는 이렇게 기도했다.

“전쟁에 나가서 싸우겠습니다. 최선을 다하겠습니다. 제 가족이 노예가 되기를 바라지 않기 때문입니다. 하지만 돌아온다면, 그때에는 당신의 뜻을 사람들에게 알리겠습니다. 이 어리석은 일이 되풀이 되지 않도록 하겠습니다. 저에게 힘을 주옵소서. 용기를 주옵소서.”

신의 질서를 외쳤던 에스킬러스

공연이 시작되기 전 에스킬러스는 잠깐 무대 뒤에서 객석을 보았다. 어림잡아 15,000명 정도는 되는 듯했다. 앞줄에는 고위층으로 보이는 사람들이 근엄하게 앉아있었는데 그 중에 몇 명은 안면이 있었다. 공연 준비과정에서 이미 만났었기 때문이다.

산허리를 깎아서 마련한 좌석은 관객들로 가득 찼다. 날씨는 덥지도 춥지도 않았다. 봄의 신이 내려온 듯 숲은 숨을 쉬는 듯했고, 평화스러움마저 깃들었다.

에스킬러스는 의상을 만져보았다. 일상복과는 전혀 다른, 보기만 해도 장엄함과 품위가 배어나오는 옷이었다. 양쪽 어깨에 고정을 시킨 치톤(chiton)은 발목까지 수직으로 내려왔기 때문에 간결하면서도 기품이 있었다. 이 위에 덧입은 긴 망토,

히마치온(himation)은 자연스러운 흐름을 만들면서 위엄과 절제력을 한층 더해주었다.

코러스들이 먼저 등장해서 자리를 잡고 간단한 노래와 율동으로 관객들의 주의를 집중시켰다. 이제 자신의 차례였다. 에스킬러스는 호흡을 가다듬으며 정신을 하나로 모아갔다. 또 다른 힘이 자신을 인도하는 듯했다.

깊은 호흡을 들이쉰 후 관객을 향해 대사를 읊었다. 극장이 야외라는 것은 전혀 문제가 되지 않았다. 목소리는 객석 맨 뒤에 앉은 관객들에게도 또렷이 들렸다. 에스킬러스는 단지 목소리를 크게 하는 것이 아니라 목소리를 자유롭게 운용하는 방법을 잘 알고 있었다. 어느 부분에서 높고 낮게 말할지, 크고 작게, 빠르고 느리게, 부드럽고 강하게 말해야 할지는 귀족의 자제라면 필수적으로 거쳐야했던 수사학에서 배웠기 때문이다.

귀족으로서 몸에 배인 기품과 빛나는 목소리로 일정한 리듬을 타며 극을 진행해갔다. 최대한 가벼운 신체동작은 삼갔다. 극의 주제가 무엇인가? 신의 질서에 대한 경배, 인간의 속죄, 고통을 통해 신이 주시는 지혜를 배우자는 것이 아닌가. 거룩한 주제를 의식하며 에스킬러스는 최대한 신체동작을 단순화하여 느리게 움직였다. 리듬 있는 대사는 바람에 날리는 의상과 함께 에스킬러스를 천상의 존재인 듯이 보이게 해주었다.

공연은 성공이었다. 달빛에 반사되어 하나의 조각상처럼 서 있었던 에스킬러스의 장엄한 움직임, 목소리는 신의 현존을 느끼기에 충분했다. 기원전 484년, 에스킬러스는 드라마경연 대회가 주는 최고상을 받는다.

클렌더와 미니스쿠스를 캐스팅하면서

에스킬러스는 마음이 놓였다. 클렌더(Cleander)와 미니스쿠스(Myniscus)의 위엄 있는 신체조건과 고결한 목소리가 작품에 전혀 손색이 없었기 때문이다. 극작가와 배우를 겸함으로 극작 활동에 전념할 수 없어 늘 아쉬웠는데 이제 무대에서 물러나 극작에만 전념할 수 있을 것 같았다.

기원전 484년 마흔이 다 되어 첫 우승을 차지한 이후 지금까지 열두 번의 상을 수상했던 에스킬러스는 이제 67세의 노인이 되었다. 감회가 새로웠다. 자신의 희끗한 머리카락은 늘어갔지만 야외극장은 좀 더 화려해졌을 뿐 그대로였다. 에스킬러스는 조금 흥분하여 객석에 앉았다. 곧 믿음직한 배우들이 자신이 창조한 인물들을 연기하는 것을 관객으로서 볼 것이다. 숲으로 둘러싸인 야외극장, 무대를 감싸 안듯이 원형으로 만들어진 구릉언덕, 불어오는 자연의 바람은 신의 숨결인 듯했다.

드디어 심혈을 기울여 쓴 「오레스테이아 The Oresteia」(B.C. 458) 3부작을 공연할 차례가 왔다. 1부는 아가멤논, 2부 제주를 바치는 여인들, 3부 자유로운 여신들로 구성하면서 인간들의 평화와 복수, 죄와 벌, 신의 정의와 용서가 전개되는 과정을 그린 작품이었다. 하지만 주제가 무엇이든, 창조된 인물이 어떠하든 작품은 극작가 손에서 떠나 무대로 올라간 이상 배우의 몫이다. 에스킬러스는 무대를 응시하며 조용히 기다렸다.

드디어 배우가 무대에 올랐다. 클렌더였다. 클렌더는 평소보다 훨씬 더 키가 커보였다. 큰 무대에 어울리도록 얼마 전부터 배우들은 보통 신발보다 굽이 높게 제작된 '코튜르노스(cothurnus)'라는 신발을 신기 때문이었다. 굽이 높은 신발로 뒤꿈치가 올라가면 배우는 자연 몸의 중심을 잡기 위해 가슴을 곧게 펴고 단정하게 걷게 된다. 서있는 클렌더는 참으로 절제력 있게 보였다. 클렌더는 곧 자로 잰 듯 정확하게 계산한 큰 보폭으로 힘있게 걸어간 후 꼿꼿이 서서 자신보다 높은 위치에 있는 관객들을 향해 리듬 있게 대사를 읊조렸다. 목소리는 정확하면서도 탄력 있었다.

원형으로 만들어져 무대를 껴안은 듯 보였던 극장은 어느새 세계를 껴안는 듯했다. 하늘과 땅이 만나고, 신과 인간이 만나는 듯 성스러움마저 느껴졌다. 무대에 있는 클렌더와 미니스쿠스는 인간이 아니라 신과 인간을 연결해주는 선택받은 신의 후예들로 보였다. 에스킬러스는 자신이 앉아있는 이곳이 그리스 정신의 중심임을 확신했다.

이 작품으로 13번째 우승배를 차지한 에스킬러스는 3년 후 그리스의 귀족으로, 군인으로 그리고 신의 후예로서 70세의 나이로 신에게 돌아간다.

이제는 인간적인 연기로

위대한 극작가이자 배우였던 에스킬러스의 죽음 이후 드라마의 주제는 신의 질서에서 점차 인간적인 것으로 변해갔다. 뿐만 아니라 극작가들이 배우의 직업을 겸하지 못하게 되면서 4세기 연극은 극작가에서 배우의 시대로 접어들었다.

배우들은 극의 주제가 인간적인 갈등에 초점을 맞추어가자 점차 인간적인 감정표현에 몰두하게 된다. 특히 또렷한 음성과 우아한 움직임으로 그리스 전체에서 명성을 얻은 폴루스(Polus)는 인간적인 감정에 충실하고자 모든 노력을 기울였다. 폴루스가 아테네의 작가 소포클레스의 「엘렉트라」라는 작품에 출연했을 때이다. 폴루스는 남동생의 유해가 담긴 단지를 앞에 두고 슬퍼하며 그 운명에 한탄하는 누나 엘렉트라를 연기하면서 진실한 감정에 도달하고 싶었다. 굽 높은 신발을 신고 화려한 가면을 쓰고 연기할 때마다 감정보다는 외적 형식에 더 치중하는 것만 같아 늘 불만스러웠는데 이참에 보다 진실한 연기, 보다 깊은 연기를 보여주고 싶었다.

폴루스는 조용히 생각했다. 동생의 유해를 보는 누나의 마음은 어떠하였을지. 그리고 어떻게 울부짖고, 탄식은 어떤 탄식이었을지를. 문득 얼마 전에 죽은 자신의 친아들이 떠올랐다. 친아들의 죽음을 두고 그저 짐승처럼 울부짖었던 자신이 기억났다. 사랑하는 사람의 죽음 앞에서는 우아한 울음이란 있을 수 없다는 확신이 들었다. 폴루스는 친아들의 유해를 담은 단지를 무대에 가져오게 했다. 자신의 차례가 되자 소품 대신 친 아들의 유해가 담긴 단지를 껴안고 폴루스는 처절히 오열했다. 이 눈물은 연기가 아니었다. 실제의 슬픔이며 탄식이었다. 관객은 할말을 잃었다. 하지만 연기가 좋아서라기보다는 당황스러움 때문이었다. 보통 때는 배우가 슬퍼하는 장면에서 관객이 같이 눈물을 흘리더라도 실제는 그 슬픔을, 그 연기를 즐길 수 있었다. 하지만 이번에는 즐긴다는 것이 전혀 불가능했다. 폴루스가 흘린 눈물의 진실을 나중에 알게 된 관객들은 한동안 그의 연기를 가장 큰 화젯거리로 삼았다. 그 화제의 핵심은 '처절한 슬픔을 보여준 연기가 좋은 연기인가', '슬픔을 연기로서 인식하게 하고 즐길 수 있게 하는 것이 좋은 연기인가'였다. 아무도 답을 내리지 못했다.

나 비록 노예이지만 – 로마

시세로(Cicero)는 이해할 수 없었다. 로마가 공연예술의 상당부분을 그리스의 것에서 모방하는 것에는 큰 불만은 없었다. 하지만 배우가 가면을 쓰는 것은 공연의 박진감과 사실성을 떨어뜨리기 때문에 도무지 찬성할 수가 없었다. 시세로는 평소 절친한 친구이자 존경받는 로마의 배우 로시우스에게 물어보았다. "로시우스, 난 정말 이해할 수 없어. 배우가 가면을 쓰면 관객이 표정을 전혀 볼 수 없잖은가. 자네는 왜 가면을 쓰지? 사람은 눈으로 많은 것을 표현하는데 눈이 가려지지 않은가?" 로시우스는 주저하지 않고 대답했다. "시세로, 생각해보게. 난 주로 여자, 젊은이들, 할 일 없는 식충이 등을 연기하

잖아. 내가 아무리 연기를 잘 한다고 해도 그 많은 사람들을 어떻게 보여줄 수 있겠나? 나는 한 사람이고 연기해야 하는 인물은 그토록 많은데. 이 나이에 젊은 남자 역을 이 주름투성이 얼굴로 연기한다면 우스꽝스럽지 않겠어? 또 여자역할은 어떻게 하고? 수염이 듬성듬성한 내 얼굴로 여자처럼 말하고 여자처럼 웃는다면 보는 사람은 얼마나 한심스럽겠나?"

시세로는 로시우스를 이해할 듯하면서도 어쩐지 대답이 궁색하게만 느껴졌다. 로시우스라면 가면 없이도 얼마든지 관객을 사로잡을 수 있는 능력이 있었기 때문이었다. 시세로는 답답한 마음에 참았던 말을 하고야 말았다.

"로시우스, 그게 아니라 가면으로 자네의 사팔뜨기 눈을 가리고 싶은 건 아닌가?"

노예로 태어나 각광받는 배우로 도약한 로시우스

로마의 연기스타일은 대부분 그리스의 배우가 모델이었지만 그럼에도 불구하고 커다란 차이점이 있었다. 기원전 240년 로마의 연극공연은 그리스처럼 종교적 축제의 일부가 아니었다. 연극은 수많은 종교적, 정치적 기념일에 선보이는 많고 많은 오락물 중의 하나였을 뿐, 더 이상 온 시민이 공동체로서 하나의 감성과 사상을 공유하며 신의 존재와 높은 질서를 체험하는 체험의 장이 아니었다.

기념일에 공연되는 박진감 넘치는 마차경주, 굶주린 사자들과 노예들의 생사를 건 싸움, 현란한 여자 노예들의 춤 등에 익숙해진 관객들은 연극에서도 보다 자극적인 것들을 요구했다. 도발적인 성 행위가 있는 드라마나 아무 생각 없이 웃고 즐기는 희극에만 몰려들었다.

이러한 분위기로 로마배우들은 그리스배우처럼 사회적으로 종교적으로 존경받는 위치에 서지 못했다. 대부분 아무 권리가 없는 노예들로 자신들의 주인이나 자신이 속해있는 공연단체의 감독관에게 혹독한 훈련을 받았고 공연을 잘한 날에는 그 대가로 음식을 얻어먹고, 자칫 실수라도 하는 날에는 끌려가 매를 맞기가 일쑤였다.

로시우스(Roscious)는 이러한 노예 중 한 사람이었다. 어린 노예 로시우스는 하루종일 귀족들의 시중을 들어야 했다. 이 방 저 방을 뛰어다니며 잔심부름을 하다보니 세상에는 참 여러 가지 종류의 인간이 있는 듯했다. 젊었을 때 쟁쟁했지만 나이가 들자 까다롭고 말만 많아지는 귀족노인들, 향수를 뿌리며 거울 앞에 앉아 자기도취에 빠져있는 귀족부인들, 반대하는 양쪽 집안을 피해가며 사랑을 나누는 젊은 남녀들, 부유한 귀족집에 살며시 들어와 하루하루 눈치 보며 살아가는 식객들을 보면서 로시우스는 여러 계층의 사람들에게는 모두 그 계층의 행동양식이 있다는 것을 깨달았다. 어린 로시우스는 자신도 모르게 체득한 다양한 인간들의 감정과 특징을 흉내 내며 동료 노예들과 주인을 즐겁게 해주곤 했다. 주인은 노예들의 어릿광대짓을 수없이 보아왔지만 로시우스의 광대짓을 가장 즐거워했다. 로시우스의 흉내 내기는 단순한 흉내 그 이상이었다. 로시우스가 모방하는 여자, 밥충이, 젊은 연인들은 그 어린 로시우스의 움직임, 말, 표정 하나하나에 생생히 살아있었기 때문이다.

재주를 인정받으며 로시우스는 마침내 배우의 길로 들어선다. 로마 관객은 물론 열렬히 로시우스를 사랑했고, 이후 로시우스는 그토록 갈망했던 자유인이 되어 부와 명성까지 거머쥐며 당대의 학자들과 어깨를 나란히 한다. 하지만 로시우스는 희극배우로의 성공에만 만족하지 않았다. 연기의 경륜이 쌓이자 로시우스는 비극연기에도 도전을 한다.

로시우스는 비극연기에서 특히 목소리의 운용이 중요함을 깨달았다. 대부분 비극배우들은 어설프게 그리스배우들의 장엄함을 흉내 내며 모든 대사를 장엄하게 처리하거나 일률적으로 힘을 주어 처리하곤 했는데, 그러한 연기는 너무도 우악스럽고 무지하게만 느껴졌다. 강하다는 것이 무엇인가? 약함이 있어야 강함이 살고, 비천함이 있어야 우아함이 돋보이는 것이 아닌가. 로시우스는 강조해야 할 부분과 강조하지 않아야 할 부분을 정확히 선택하여 다양하고 리듬 있게 대사를 구사했다. 이 연기법으로 로시우스는 비극에서도 '절제력 있는 배우'라는 극찬을 받는다. 더 표현할 능력이 있음에도 불구하고 표현의 여지를 남겨놓아 연기를 한층 더 고급하게 만든 것이다.

로시우스의 제자, 파누르구스와 에로스

로시우스는 연기자로서 명성을 얻은 이후 후진양성에 힘을 기울였다. 특히 로시우스는 자신과 같은 노예출신인 파누르구스(Panurgus)와 연기를 못한다고 무대에서 쫓겨난 에로스(Eros)에게 각별한 애정을 가졌다.

노예 파누르구스는 로시우스를 의존하며, 연기기술을 배워 나갔고 로시우스는 역시 각별히 파누르구스를 아끼며 성심껏 지도했다. 자신의 노예시절이 떠오르기도 했고, 무엇보다 파누르구스에게 숨어있는 재능을 알아보았기 때문이다. 로시우스는 특히 대사의 구사법에 흥미를 가졌다. 인간은 상황에 따라 자신도 모르게 말하는 방법이 달라진다는 점에 주목했다. 화가 날 때면 날카롭고 깨어지는 듯한, 슬플 때는 부드러우면서 깊은 심장에서 나오는 듯한, 두려울 때는 기가 죽은 듯 주저하는 듯 비참한, 폭력적인 장면에서는 흥분하고 강하고 거센, 기쁠 때에는 자유롭고 온화하고 부드러운 목소리 톤이 있는 것을 알았다. 파누르구스는 인간이 가질 수 있는 모든 감정을 상상해서 그 감정에 맞게 말하는 법을 끊임없이 훈련한 끝에 결국 모든 군중이 인정하는 성숙하고 완전한 희극배우로 성장했다. 그는 이 모든 성공을 스승인 로시우스에게 돌렸다.

에로스 역시 희극배우로 연기에 입문했다. 공연 때마다 악평을 들으면서 전전긍긍하던 에로스는 어느 날 연기를 못한다고 매를 맞고 무대에서 쫓겨난다. 이대로 희극배우가 되기를 포기할까 하다가 평소 그렇게 명성이 자자한 로시우스를 마지막으로 찾아가 연기를 배우자고 마음먹었다. 연기를 그다지 잘하는 것 같지 않은 배우들도 로시우스의 문하생이었다고 하면 사람들이 점수를 더 주는 것도 같았고, 로시우스의 지도법이 궁금하기도 했기 때문이었다. 에로스가 찾아간 로시우스는 생각보다 까다로운 사람이었다. 연기를 가르치면서 로시우스는 항상 화를 냈기 때문이었다. 무대 위에서는 너무도 익살스러워서 금방이라도 친해질 듯한 로시우스가 연습장에서는 신경질쟁이 할아버지인 듯이 느껴졌다. 칭찬은 거의 없었고 한 동작, 한 마디 하는 것에도 주눅이 들 정도였다. 다른 학생에게는 친절한 것 같은데 자신에게만 유달리 혹독한 것 같아 에로스는 포기하고 싶었다. 하지만 지난날 무대에서 쫓겨난 수모를 생각하며 에로스는 견디기로 결정한다.

에로스는 온힘을 다해 로시우스의 지도대로 배워나갔다. 말할 때는 머리가 아니라 폐를 움직이도록 하고, 얼굴 표정은 제스처에 맞게, 제스처는 목소리에 어울리도록 훈련했다. 말할 때는 앞을 똑바로 보고, 눈을 내리깔지 않도록, 팔은 편안하게 늘어뜨리도록 하나하나 세심하게 배워나갔고 자신의 것으로 만들어갔다. 뿐만 아니라 입술의 모양에도 정성을 기울였다. 입술이 삐뚤어지지 않고 입을 벌릴 때 턱이 유연하게 움직이도록, 머리가 어느 한편으로 기울지 않도록 했다. 손을 움직일 때는 우아하면서, 머리나 눈, 몸에 조화가 되도록 했다.

처음 이 기술을 배울 때 손짓 발짓 하나 하는 것도 힘겨웠지만, 점차 에로스는 하루가 다르게 성장했다. 얼마 후 에로스는 로시우스의 제자들 중 가장 짧은 시간에 가장 탁월한 희극배우가 된 제자로 이름을 남기게 된다.

폼페이의 쇼맨들

배우로서, 연기 지도자로서 명성을 얻었던 로시우스는 세상을 떠났다. 시세로는 친구 로시우스가 떠나고 유명한 비극배우 이솝(Aesop)마저 경제적 파탄으로 더 이상 배우로 활약하지 못하는 상황에서 행해지는 로마의 여러 공연에 깊은 환멸감을 느꼈다. 로마에 석조건물인 폼페이 극장이 세워지자 무대는 연극공연 대신 동물들의 재주보이기, 동물과 죄수들의 싸움 등으로 가득 채워졌기 때문이다. 이제는 손꼽아 공연을 기대할 배우도 사라졌고, 인간의 정신을 고양시키는 유려한 대사도 완전히 사라졌다. 시세로는 기교와 환락만으로 가득 찬 공연을 보고 친구인 마리우스(Marius)에게 편지를 썼다.

> 공연이 어떠했는지 궁금한가? 자네가 묻는다면 공연이 장관이기는 했다고 말하지. 하지만 자네의 취향은 아니었을 거야. …… 흔히 보는 그저 그런 공연보다도 훨씬 못했어. 그만큼도 매력적이질 못하더라고. 장대한 볼거리는 있었지만 오히려 그 때문에 생명력 있는 어떤 느낌은 사라졌지. 클리타임네스트라에는 600마리의 노새가 등장했어. 트로이 목

마에는 3,000개의 접시가 나왔고, 전쟁극에서는 셀 수도 없을 정도의 말이 등장했는데 그게 어떤 기쁨을 준다는 걸까. 사람들의 탄성을 자아내기는 했지만 자네가 봤다면 전혀 즐거워하지 않았을 거야. 5일간 사나운 짐승들을 사냥하는 게임도 있었어. 가관이었지. 맞아, 군이 싫어할 이유는 없어. 하지만 연약한 인간들이 무지막지한 짐승들한테 난도질당하는 게 짐승도 아닌 우리 인간들에게 어떤 기쁨을 줄지…….
(하략)

공연에 너무 열중한 나머지 사고를 친 어느 배우

배우는 최선을 다해 자신이 맡은 역을 연습하고 있었다. 감정을 조금 더 과장되게 표현하고 확대하다 보면 가끔 자신이 단지 연기를 하고 있을 뿐이라는 사실을 잊기도 했다. 주위에서 좀더 이성적으로 연기하라는 충고를 했지만 심각하게 듣지 않았다. 실제 무대에서 '다만 연기하고 있을 뿐'이라는 사실을 잊을 리는 없으니까.

드디어 공연날이 되었다. 배우는 아이작의 역을 맡아 충분한 연습을 했기 때문에 자신이 있었다. 특히 여러 장면 중 아이작이 미친 듯이 날뛰는 장면을 연기할 때가 가장 자신 있었다. 극도의 광란을 관객에게 보여주리라 단단히 마음을 먹었다.

가장 좋아하는 장면을 연기할 차례였다. 오디세우스가 아이작을 털실로 묶었을 때 이성을 잃고 아이작이 날뛰는 장면이었다. 배우는 온전히 극에 몰입하며 아이작만을, 지금의 상황만을 생각했다. 최선을 다했다. 하지만 너무도 최선을 다해서 그때 배우는 정말로 자신의 이성을 잃고 말았다. 순간적으로 정말 광인이 되어 옆에 있는 배우가 입었던 옷을 찢고 연주자에게 달려들어 플루트를 빼앗았다. 배우는 빼앗은 플루트를 가지고 오디세우스 역을 맡은 배우에게 달려들었다. 오디세우스는 아이작을 사로잡은 후 승리의 쾌감에 도취해있는 연기를 하고 있던 중이었다. 배우는 빼앗은 플루트로 곧장 오디세우스의 머리를 내리쳤다. 아무런 방어도, 예측도 하지 못한 채 오디세우스 역을 하던 배우는 그 자리에서 광란의 희생자가 되어버린 셈이다. 무대는 순식간에 아수라장이 되어버렸다. 소리지르고 뛰어가고 서로의 옷을 찢고 치고받는 사태가 벌어졌다.

관객의 반응은 두 부류였다. 한쪽에서는 배우가 극에 열중하여 자신을 잃어버리는 것보다 진실한 연기는 없다며 갈채를 보냈다. 또 다른 관객들은 당혹스러움을 감추지 못했다. 그것이 진실한 연기라면 극중에서 누군가를 살해하는 장면에서는 정말 무대 위에 있는 배우를 살해해야 할 것이다. 그것은 연기가 아니라 사고일 뿐이다. 사고를 친 배우는 공연이 끝난 후 제정신이 돌아오면서 고개를 들지 못했다. 자신이 했던 것은 연기가 아니라 이성을 잃은 것 그 이상이 아니라는 것을 깨달았기 때문이다. 이후 공연단체에서 그 역을 다시 한번 하라는 섭외가 들어왔을 때 배우는 이렇게 말하며 거절했다. "미쳐본 것은 한 번이면 충분합니다."

하나님만의 영광을 위하여 – 중세

로마가 쇠퇴하면서 연극은 떠돌이배우의 일인극이나 재주 보이기 등으로 축소되었고 이후 기독교가 국교로 선포되면서 더욱 위상을 잃어갔다. 기독교인들에게 극장이란 기독교인들을 사자의 밥으로 내주었던 장소였을 뿐, 어떤 의미도 없었다. 정치, 경제, 예술, 문학에 교회가 깊숙이 관여하면서 공식적인 배우들의 활동은 금지되었다.

하지만 떠돌이배우들은 남아있었다. 그들은 이 마을 저 마을을 떠돌며 거리에서 코믹한 장면이나 몸을 이용한 재주를 보여주면서 연명하고 있었다. 공식적으로는 작가와 작품이 존재하지 않았지만 다양한 연극적 활동들은 나름대로 그 생명을 유지하며 흐르고 있었다.

떠돌이 마임배우 비탈리스

배우들이 공식적인 이름을 남기며 활동하지 못했기 때문에 여러 문헌에서 조금씩 중세 배우의 흔적만을 엿볼 뿐, 배우에 대한 기록은 전해지는 것이 거의 없다. 이러한 상황에서 비탈리스는 사람들의 입에서 입으로 전해진, 당대에서 주목한 유일한 배우였다. 9세기경 비탈리스(Vitalis)는 떠돌이배우 사이에서 그 두각을 나타낸다. 비탈리스의 재주넘기, 구르기, 돌기 등의 몸 재주는 오차 하나 없이 너무 완벽해서 사람들은 비탈리스의 연기를 보기 위해 늘 몰려들었다. 비탈리스는 사람들을 즐겁게 해주는 것이 자신의 소명임을 확신하면서 늘 천대받아 지쳐있는 동료들에게 자신의 확신을 나누었다. "이것 봐, 친구. 사람들이 웃고 노래할 수 없다면 이 낡은 세상을 무엇에 쓰겠어? 그저 왔다가 가는 인생이 고단하지도 않은가? 삶에 지친 사람들에게 웃음을 주는 것이 우리의 기쁨 아닌가?"

특히 평민들은 비탈리스의 연기를 보기 위해 구름같이 몰려들었다. 비탈리스의 변화무쌍한 표정을 보면서 잠시나마 삶의 고단함을 잊을 수 있었던 것이다. 비탈리스가 세상을 떠났을 때 장례식은 초라했다. 교회가 배우들의 장례식을 교회장으로 치르는 것을 극구 반대했기 때문이었다. 하지만 비탈리스를 깊이 사랑했던 평범한 사람들, 시장에서 장사하는 사람들, 귀족들의 허드렛일을 도와주던 사람들은 교회의 따가운 눈총에도 불구하고 비탈리스의 묘비에 아름다운 글을 남긴다. "비탈리스, 자네가 우리에게 준 그 즐거움은 너무도 컸다네. 이제 당신은 죽음의 세상으로 가지만, 그 세계에서도 즐거워하게."

중세의 공식배우는 신부님들

아이러니하게도 공연예술을 반대했던 교회에서 10세기 후반 드라마 형식과 연기가 새롭게 태어났다. 그리스도가 세상에 전파하신 말씀, 창조에서 심판에 이르는 성경의 이야기들을 신자들이 좀 더 쉽게 이해할 수 있게 극화한 것이 그 계기가 된 것이다.

신부님들은 하나님을 찬양하는 화려한 음악 중 한 소절이 확장되어 길게 연주될 때 이 반복되는 후렴구에 어떤 가사를 붙인다면 일반 대중이 하나님을 더 가까이 느끼는 데 도움이 될 것이라고 생각했다. 음악에 가사를 덧붙인 것이 드라마 형식의 본격적인 부활이었다.

이후 12세기에는 보다 본격적인 공연들이 교회 안에서 이루어졌는데 그 규모는 기존 공연을 훨씬 능가했다. 천국 하나만을 보아도 우아함을 강조하기 위해 실크 커튼과 향기나는 꽃, 먹음직하고 탐스러운 과일이 달린 나무가 필수였기 때문이다. 무대에서 관객들에게도 향기가 전해질 정도의 꽃이 진열되려면 얼마나 많은 꽃들이 있어야 했겠는가. 거룩한 천국을 표현할 커튼이 모두 실크로 만들어져야 한다면 그 비용 역시 만만치는 않았을 것이다. 하지만 신부님들과 신자들은 '하나님의 영광을 위하여'라는 표어 아래 기꺼이 호주머니를 털어 공연에 필요한 물품을 준비했다.

공연의 규모가 커지자 교회는 기술적인 면에서도 정성을 기울였다. 무대나 장치, 소품 등은 성당 자체 제작이 아닌 성당 외부인, 즉 일반인의 도움이 필요했고, 일반인이 성당의 연극에 참여하면서 연극에도 자연스럽게 세속적인 유머가 들어서게 된다.

한동안 신부님들은 고민에 고민을 거듭했다. 세속적인 유머를 사용한다면 일반 대중에게 쉽게 높으신 하나님을 알릴 수 있을 것이다. 하지만 성스러워야 할 성당에서 저속한 언어표현들, 단정치 못한 제스처가 들어오는 것은 바람직하지 못한 것이었다. 또한 규모가 커지면서 경제적 부담도 만만치는 않았다. 찬반의 팽팽한 토론 끝에 신부님들은 연극을 성당 밖으로 내보내기로 합의한다. 이는 예배에서 처음 연극적 요소가 선보인지 400년이 지난 후였다.

하나님의 영광을 위하여 이름을 숨긴 배우들

성당 밖으로 나온 연극은 마을의 중앙광장이나 사람들이 많이 지나가는 거리, 성당의 현관 앞을 무대로 삼았다. 신부님들은 공연을 승인할 권한은 있었지만 이전처럼 공연의 주도적인 입장에서는 물러났고, 성당 안에서 공연할 때 참가했던 여러 기술자들, 평신도, 단체, 종교 클럽들이 자리를 대신했다. 자연히 연극은 보다 자유로운 분위기 안에서 일반인들의 문화를 받아들이며 코믹한 요소를 추가한다. 주된 주제는 천지창조로부터 최후의 심판에 이르기까지 일련의 성서적 사건이었지만, 이 외에 다른 것들도 조금씩 추가되었다. 예수님뿐 아니라 성자들의 삶을 토대로 그들의 전설 같은 위업이나 더 나아가 성서의 인물이 아닌 평범한 사람들을 통한 도덕적 교훈 등이었다.

이발소의 견습공 리오날드

리오날드(Lyonard)는 이발소의 견습공이었다. 10대 소년이었던 리오날드는 어느 날 길을 가다가 '성 바바라 역에 지원할 사람을 구함. 우아한 몸가짐과 부드럽게 말할 수 있는 사람을 찾음'이라는 광고를 보았다. 가슴이 뛰었다. 축제는 온 마을의 행사였고, 150명이나 되는 사람들이 연습한다고 몰려다니는 것을 보았기 때문이다. 리오날드는 오디션에 응시하기로 결정했다. 자신보다도 못한 소년들이 성인의 역을 맡아 아름다운 옷을 입고 성스러운 얼굴로 대사를 할 때 얼마나 부러웠는지 모른다.

행운이 찾아왔다. 수많은 응시자 중에서 그가 성 바바라 역에 캐스팅 된 것이다. 리오날드는 모든 일을 멈추고 오로지 연기에만 열중하기로 마음먹는다. 먼저 서약을 해야 했다. 어떤 일이 있어도 공연날까지 연습에 빠지지 않고 참석하며, 감독관이나 위원회의 일에 일체 참견하지 않으며 그들의 결정에 반대하지도 않겠다는 내용이었다. 규칙을 어기면 벌금을 내야 한다는 조항도 있었다. 생각보다 연습시간은 많지 않았다. 공연 자체는 4일이 꼬박 걸린다고 하는데 연습시간은 48시간뿐이라고 했다. 각 장면을 2-5번 정도 연습하는 것이 전부라는 것이다.

첫 연습 전에 전체 배우들이 다 모여 간단히 자기소개를 하고 대본을 나누어받았다. 모두들 자신이 나오는 장면의 대사만을 받았다. 전체 대본을 받지는 못했지만 그것이 문제되지는 않았다. 대강의 줄거리는 알고 있었고, 자신의 역할만 잘 연기하면 된다고 생각했다. 대사나 연기는 위원회의 높으신 분들이 조금씩 손을 보았을 뿐 이렇다 할 연기지도는 없었다. 리오날드는 조금 불안했다. 이렇게 적게 연습하고 무대에 서도 되는지, 자신이 잘 하고 있는지 확신이 없었다. 별말을 하지 않는 것을 보면 연기에 큰 문제가 있는 것 같지는 않았다. 스폰서들이 연습시간에 마실 것과 음식을 가져왔다. 연습 때문에 이발소에 나가서 일을 못한다고 누군가 익명으로 급료를 대신 지불해주기도 했다. 하나님의 일을 하니까 정말 생각지도 못한 후원들이 밀려드는 듯했다.

드디어 공연날이 되었다. 무대 뒤는 전쟁터처럼 시끄럽고 분주했다. 성인의 화형장면을 실감나게 보여주기 위해 진짜 태우기로 한 죽은 동물들이 여기저기 쌓여있었다. 장치를 책임지는 사람들은 화재가 일어나지 않도록 이것저것 살피며 분주히 돌아다녔다. 또 힘센 장정들이 엄청난 물을 드럼통에 담아 무대 위로 운반하고 있었다. 비가 내리는 장면에 사용할 물이었다. 지옥의 장면을 연출하기 위한 나무와 불쏘시개도 있었고, 지옥 불에서 피어오를 연기를 만든다고 대포까지 갖다 놓았다. 대포는 연기뿐 아니라 무시무시한 소리까지 내 줄 것이다.

리오날드의 차례가 되었다. 리오날드는 먼저 하나님께 기도를 드렸다. "하나님, 이 공연이 저에게는 처음이자 마지막인지도 모릅니다. 제가 실수하지 않도록 도와주시옵소서. 잘하도록 힘을 주옵소서. 아멘."

리오날드의 연기를 보는 관객들은 눈물을 흘렸다. 모두 그 아름다운 목소리와 우아한 몸짓에 사흘 내내 매료당했다. 성스러움 그 자체였다. 공연이 끝난 후 한 관객이 넌지시 물어보았다. 저 배우가 누구냐고. 저토록 유연하고 아름다운 목소리를 가진 배우가 어느 귀족의 자제분이냐고. 아니면 정말 하늘에서 내려온 천사가 아니냐고. 옆에 서 있는 관객이 대답했다. "이발소의 견습공, 리오날드입니다."

인간적인 연기, 인간적인 배우– 이태리 르네상스

르네상스 기간에 배우들은 다시 예술가라는 직함을 회복한다. 당당히 자신의 이름으로 활동하는 배우들이 하나 둘 늘어가면서 관객층은 거리의 시민뿐 아니라 귀족이나 왕족까지 넓혀졌다. 르네상스의 선두주자는 이태리였다. 이태리배우들은 탄탄한 부를 축적한 귀족들의 후원으로 생활고에서 벗어나, 이전에 거리에서 쌓은 몸 기술, 관객들과의 직접적인 호흡에서 얻은 즉흥적 재주 등으로 한층 향상된 연기술을 선보였다. 그 결과 무대장치나 대본에 의존하지 않는 배우 중심의 연극 형태, 꼬메디아 델라르테(commedia dell'arte)가 탄생하게 된다. 이 연극은 어떤 고정된 대본이 있는 것이 아니라 대강의 줄거리만을 가지고 배우들이 나름대로 살을 붙여서 즉흥적으로 공연하는 형식으로 그 현장성과 생생함이 특징이었다. 등장인물들은 더 이상 영웅이나 성자가 아닌 바보 같은 학자(도토레), 허풍장이 군인(카피타노), 재치있는 하인(쟈니), 젊은 연인 등이었다. 배우들은 자기가 가장 잘 연기할 수 있는 역을 하나 정해 아침부터 저녁까지 그 인물의 표정과 행동을 연습했다. 이렇게 해서 완성된 인물을 배우는 평생 연기할 것이다.

명성을 얻은 안드레이니 가족

프란체스코 안드레이니(Francesco Andreine, 1550~1624)는 주목을 받는 배우였다. 시인이기도 한 프란체스코는 음악과 언어학에도 조예가 깊어 학자로도 명성을 얻었다. 하지만 프란체스코는 연극에 보다 더 큰 관심을 기울였다. 사람 사이에서 일어나는 일을 일상의 문법으로 재표현한다는 것이 소리뿐인 음악이나 언어보다 훨씬 생동감 있게 느껴졌기 때문이었다. 특히 보통 사람들, 뛰어난 영웅이나 특별한 재능을 가진 사람들이 아닌 눈칫밥으로 연명하는 사람들, 조금 배웠다고 으스대며 사는 사람들, 돈이면 지옥으로도 달려갈 듯한 사람들에게 깊은 연민과 사랑을 느꼈다. 인간이 나약한 존재라는 것을 잘 알았기 때문이다.

프란체스코는 자신이 맡은 도토레(잘난 척하는 박사)를 연구하기 위해 당시 학자들을 유심히 관찰했다. 학자인 프란체스코는 학자들과 만날 기회가 많았는데, 가만히 보니 학자들에게는 어떤 공통점이 있었다. 그것은 라틴어를 아는 것이 학문의 최고봉인 듯 열심히 라틴어를 공부하며 기회만 되면 라틴어를 사용하는 것이었고, 또 다른 하나는 자신들은 세속적인 어떤 것에도 마음이 가지 않음을 은밀히 강조한다는 것이었다. 프란체스코는 웃음이 나왔다. 정말 그러한가? 하지만 그들 역시 인간이지 않은가.

프란체스코는 무대에 섰다. 관객들은 이미 잘 알고 있는 인물인 도토레를 프란체스코가 어떻게 연기할지 기대했다. 프란체스코는 먼저 상대를 얕보는 눈빛을 지으며 수다스럽게 라틴어를 구사했다. 쉬지 않고 봇물 터지듯이 전혀 문법에 맞지 않는 라틴어를 상대 배우가 말할 틈도 주지 않고 떠들어댔다. 학자들이 특히 라틴어 발음에 신경을 쓴다는 것을 잘 알고 있었기에 프란체스코는 혀에 있는 대로 힘을 주며 일부러 강한 악센트를 구사했다. 너무 강하게 발음하다가 목에 뭐가 걸린 양 간혹 콜록거리기도 했다. 관객들은 배를 잡고 웃었다. 평소에 잘난 척하는 박사들을 얼마나 비웃어주고 싶었는가. 프란체스코가 그 스트레스를 다 해소해주는 듯했다. 프란체스코의 도토레는 여기서 끝나지 않았다. 한참 잘난 척하는 프란체스코 앞에 아주 아름다운 여인이 지나갔다. 프란체스코는 그 여배우가 지나갈 때 바짓가랑이 사이로 차고 있던 단검을 슬며시 솟아오르게 함으로써 여인에 대한 학자들의 흑심이 보통 사람과 전혀 다르지 않다는 것을 보여주었다. 여전히 얼굴에는 근엄함과 위엄을 가득 담은 채로. 관객들은 의자에서 굴러 떨어질 정도로 박장대소하며 박수를 보냈다. 극장은 떠나갈 듯했다. 공연이 끝나고 프란체스코가 커튼콜을 위해 무대에 올랐을 때 관객들은 모두 서서 아낌없이 박수를 보냈다. 이렇게 인간을 이해하고 인간의 나약한 모습의 정체가 무엇인지를 간파한 프란체스코의 연기는 단번에 관객을 사로잡았다.

인기배우 프란체스코는 32세 때 16세 연하인 이자벨라 안드레이니(Isabella Andreini)와 결혼한다. 16세의 이자벨라는 프란체스코를 사로잡기에 충분한 매력이 있었다. 아름다울 뿐 아니라 지성을 겸비했기 때문이었다. 프란체스코는 아내 이자벨라와 함께 '열광적인'이라는 뜻의 '겔로시(Gelosi)'라는 극단을 만든다. 당대 최고의 남자배우와 여자배우가 부부가 되어 창단한 이 극단은 이태리뿐 아니라 전 유럽에 그 명성을 떨쳤고 빈번하게 프랑스 궁정의 초대까지 받는다. 하지만 행운은 항상 불행도 데려오는가 보다.

안타깝게도 이사벨라가 아들 지암밥티스타 안드레이니를 남기고 젊은 나이에 사고로 요절하게 되고, 프란체스코는 극단을 해체하고 은퇴한다. 이자벨라를 사랑한 모든 사람들이 애도하며 화려한 장례식을 치러주었다고 해도, 프란체스코가 연극에 대한 열정을 되살리는 데는 도움이 되지 못한 듯하다.

황금시대의 황금배우와 돌멩이배우-스페인

르네상스 시기 이태리가 문학과 예술에서 꽃을 피웠듯이 16~17세기 스페인도 연극에서 황금시대를 맞는다. 로페 드 루다, 로페 드 베가(1562~1635)를 선두로 수많은 비극, 희극, 소극 등 다양한 형태의 작품이 쏟아지면서 배우도 전에 없이 증가하여 1560~1680년 사이에는 모두 2,000여 명이 될 정도였다. 이렇게 에너지가 넘치고 다채로운 배우들은 궁정과 연결된 궁정배우와 떠돌이배우, 이 두 부류로 크게 나눌 수 있었다. 물론 궁정배우들이나 명배우들은 사회적으로 인정받으면서 경제적 안정을 취했고, 거리의 배우들은 한결같이 고달픈 삶을 살았다. 쥬세파 바카(Jusepa Vaca) 같은 유명배우들은 그들을 위해 작가들이 작품을 쓸 정도의 영광을 누렸지만, 그 정도의 배우는 소수일 뿐, 대부분의 배우들은 일생을 떠돌면서 고난에 가득 찬 삶을 살아야 했다.

황금시대의 황금배우들

데미안 아리아스 드 페나필(Damian Arias de Penafiel)은 스페인의 유명한 배우였다. 1643년 임종할 때까지 수많은 극단에서 연기생활을 했는데 특히 1617년 돈 쥬앙을 맡아 열연하여 관객을 사로잡는다. 아리아스의 목소리는 다른 어떤 배우들보다도 명쾌하고 깨끗했다. 기억력 또한 탁월하여 아무리 많은 대사라도 한두 번 보면 다 기억할 수 있었고, 몸가짐은 천성적으로 우아하고 생기발랄했다. 무엇을 말하든, 심지어 희극적인 대사를 말한다 해도 기품이 있었기 때문에 사람들은 "마치 아폴로 신과 같다"라며 극찬을 아끼지 않았다. 웅변가조차 아리아스에게 말하는 법을 배우려고 찾아오는 경우가 허다했다.

또한 유명한 여배우 라 칼데로나(La Calderona)는 뛰어난 외모와 재능을 겸비한 배우였다. 칼데로나는 아름다울 뿐 아니라 연기에 대한 타고난 재능으로 필요할 때면 얼굴색까지 바꾸는 배우였다. 행복한 일을 말할 때면 얼굴색은 장밋빛으로 발하고, 불행한 일을 당하는 장면에서는 갑자기 창백해지기도 했다. 이 점에서 칼데로나를 따라갈 배우는 아무도 없었다. 칼데로나는 어느 날 필립 4세 앞에서 공연할 기회를 가졌다. 황제는 칼데로나를 보자마자 매료되었다. 칼데로나의 아름다움은 주위의 모든 것이 빛을 잃게 하는 듯했다. 황제는 과감히 칼데로나를 아내로 맞이한다. 칼데로나는 황비의 자리에 올라 아들을 낳은 후에도 무대에서 연기를 계속하기를 고집하여 왕실과 잦은 마찰을 일으켰다. 연기에 대한 열정 때문이기도 했지만, 숨막히는 궁정에서 자신이 살아있음을 확인하는 하나의 통로였기 때문이다.

당시 모든 배우들은 아리아스나 칼데로나를 부러워할 수밖에 없었다. 목소리나 외모는 타고나는 듯 했다. 별다른 노력없이 우아한 목소리를 타고나 자신이 말할 때마다 듣는 사람을 감탄시킨다면 얼마나 행복한 일인가. 그렇다면 칼데로나는 어떠한가? 교회와 일반인의 손가락질을 받고 현란한 춤을 추며 생계를 이어가기에 바빴던 여배우에서 황비의 자리까지 오르다니 이보다 더 큰 신분상승은 없을 것이다. 모든 배우들은 꿈을 꾸었다. 아리아스와 칼데로나 같은 황금배우가 되고, 그들이 차지했던 부와 명예가 나의 것이 되기를. 하지만 세상에는 항상 황금보다 돌멩이가 더 많지 않은가.

황금시대의 돌멩이배우들

배우 어거스틴 드 로자(Agustin De Rojas, 1572~?)는 배우인 자신보다 노예들이 더 편안한 삶을 사는 것 같았다. 노예는 하루종일 일하지만 밤에는 최소한 잠을 자기 때문이었다. 로자는 새벽 5시에 일어나야 했다. 새벽 5시부터 9시까지 쓰고 공부하고, 그것이 끝나면 9시부터 12시까지 계속 연습에 연습을 거듭한다. 대사를 외우는 것은 기본이고, 이태리에서 유행하는 식의 몸재주 위주의 공연이 관객에게 크게 호응을 얻자, 몸동작과 재치있게 말하는 법 등을 4시간 연속으로 훈련했다. 점심을 먹고 나면 극장에 가는 시간이 된다. 극장은 간소했다. 좀 더 근사한 극장들이 많이 세워졌다고 들었지만, 로자가 오르는 무대는 뜰에 단을 세운 간단한 형태였다.

연기는 기본적으로 템포가 빨랐다. 속사포 같은 대사, 완벽한 타이밍을 요구하는 몸동작을 한 시간 넘게 하고 나면 온몸은 땀에 젖는다. 7시쯤 공연이 끝났다. 로자는 정말 그대로 숙소에 돌아가서 쉬고 싶었다. 하지만 오늘 높은 분들이 배우들을 부르신다고 한다. 장관급이나 시장쯤 되는 사람들이었다. 마음 같아서는 거절하고 싶었지만 그분들의 비위를 거스르면 공연금지는 물론 쫓겨날지도 모르기에 지친 몸을 이끌고 귀족의 저택으로 향했다. 귀족의 저택에서 한 번 더 공연을 해야 하는데……. 파티가 언제 끝날지는 모르지만 여하튼 다음날도 5시에 일어나야 했다.

그러던 어느 날, 로자는 사소한 실수로 쫓겨나게 되었다. 가진 건 8권의 책뿐, 망토 하나 없이 무작정 걸어간 그는 밤이 되서야 한 마을에 도착했다. 방이 없어 전전긍긍하다가 겨우 허름한 여관에 방 하나를 얻었다. 대충 저녁을 먹은 후 마을의 시장을 찾아가 연극공연을 할 수 있게 해달라고 부탁했다. 종교극이냐는 질문에 주저하지 않고 그렇다고 하자 겨우 허락이 떨어졌다. 「카인과 아벨」을 검토했다. 여하튼 공연을 해야 조금이라도 여비를 마련할 것 아닌가. 마을 전체를 돌아다니면서 공연을 할 예정이라고 소리쳤다. 목은 쉬고 먹은 것은 없어 소리가 밖으로 나오지는 않았지만 얼굴에 웃음을 짓는 것은 잊지 않았다. 누가 꾀죄죄한 배우의 공연을 보러 오겠는가? 우여곡절 끝에 공연을 마쳤고, 손에는 푼돈과 동전이 있었다. 많지는 않아도 끼니를 때울 수는 있었다. 내일은 또 떠나야 한다.

다음 날 다른 마을에 도착했다. 조금 남은 돈으로 와인, 우유, 빵을 사먹었다. 그 마을에서도 공연허락을 받아 기타를 치며 마을을 돌아다니며 또다시 「카인과 아벨」을 공연하려 했다. 그런데 이번 공연에는 사고가 났다. 카인이 아벨을 죽이는 장면에서 꼭 써야하는 칼을 깜빡 잊었기 때문이다. 당황한 로자는 얼른 수염을 떼어 그것이 칼인 것처럼 아벨을 찔러 죽였다. 하지만 관객이 가만있을 리가 없었다. 관객들은 일어나서 소리치며 '가짜', '엉터리'라고 아우성을 쳐댔다. 아직 극단이 다 도착하지 않아서 소품이 준비되지 않았다고 변명을 했지만 소동은 점점 커져만 갔다. 결국 소동을 피해 허겁지겁 또 다른 마을로 떠나야 했다.

하나님과 사람 모두의 즐거움은 어떨까요? – 엘리자베스 시대

영국 엘리자베스 여왕의 통치 기간에는 중세 거리극의 성장과 더불어 직업극단이 나타났다. 15세기 말까지 부랑아나 건달로 취급받았던 영국의 배우들이 1572년 처음으로 엘리자베스 칙령에 의해 법률적으로 직업을 인정받은 것이다. 이 시대 극작가들은 처음에는 여왕과 귀족들을 즐겁게 하기 위해 노력했다. 여왕의 생애와 정신을 주제로 구성한 작품들을 귀족의 홀을 얻어 연습했고, 학교 선생님과 합창단 지휘자들이 회초리를 사용하면서까지 소년 배우들을 가르쳤다.

엘리자베스 시대의 연극을 소년 배우들이나 궁정의 작가들만이 주관했다면 연극은 단순한 문학적 훈련을 위한 도구나

예쁘게 치장한 음악극이 되었을 것이다. 그러나 점점 성장하는 거리의 직업배우들이 연극을 직업으로 인식하며 후원자를 찾아 공연을 하면서 영국의 연극은 성숙하게 된다. 이 성숙한 남자 직업배우들은 귀족의 후원과 시민들의 관심을 모으며 번창했다. 그 결과로 1580년부터 1620년간에 이루어진 빛나는 영국 연극사의 길이 열렸다.

1570년대 이전까지 영국에는 20개 정도의 극단이 있었다고는 하지만 알려진 것은 없다. 최초로 주목받은 극단은 1574년 제임스 버비지(James Burbage)가 극장장 겸 대표로 있었던 라이세스터 백작 컴퍼니(The Earl of Leicester's Men)였고, 그 다음은 1583년에 발족한 퀸즈 극단(Queen's Men)이었다. 퀸즈 극단은 1593년까지 영국에서 최고라고 평가를 받았지만 1592년부터 1593년까지 돌았던 흑사병으로 해체되거나 합쳐진 극단들과 운명을 같이한다. 이러한 상황을 뚫고 출현한 두 개의 극단이 있었다. 이는 챔벌린 경 극단(The Lord Chamberlain's Men)과 제독 극단(The Lord Admiral's Men)으로 이 시기 영국의 연극을 이끌고 나간 선두주자가 된다.

챔벌린 경 극단은 배우이자 극작가인 셰익스피어뿐 아니라 리처드 버비지(Richard Burbage)와 윌리엄 캠프(William Kemp) 같은 배우들을 자랑했고, 제독 극단은 필립 헨슬로우(Philip Henslowe)라는 연극자본가가 다스렸는데 헨슬로우의 사위인 에드워드 알렌(Edward Alleyn)을 간판배우로 내세웠다. 경쟁관계에 있었던 두 극단의 간판스타 버비지와 알렌은 모두 비극배우의 대명사로 선의의 경쟁을 하며 실력을 쌓아갔다.

리처드 탈레튼과 윌리엄 켐프

리처드 탈레튼(Richard Tarleton, ?~1588)은 전형적인 초기 엘리자베스 시대의 배우를 대표하는 광대이자, 궁정 오락가, 배우, 작가였으며 음유시인이었다. 탈레튼이 이전 배우들과 다른 점은 이전의 배우들은 궁정이나 귀족의 저택에서 상류층만을 상대로 공연했기 때문에 대중에게 전혀 알려지지 않았던 반면, 탈레튼은 대중적으로 알려진 최초의 영국배우라는 점이다. 하지만 아쉽게도 퀸즈 극단의 희극배우이자 뮤지컬배우로서, 노래에도 소질이 있었을 것이라 추측할 뿐 실상 탈레튼에 대한 그 이상의 기록은 보이지 않는다.

윌리엄 켐프(William Kemp, ?~1603)는 대중적인 인기를 모았다는 점에서 탈레튼을 계승한 배우였으며, 셰익스피어 극단에 소속된 희극배우였다. 켐프는 이태리 꼬메디아 델라르테 배우들의 즉흥적 대사 주고받기, 재주넘기, 넘어지기 등 신체를 이용한 연기에 매료되어 그러한 연기를 연마하여 관객들에게 선보였다. 물론 일반 대중들은 켐프의 익살스러운 연기를 좋아했고 갈채를 보냈지만, 셰익스피어만은 예외였던 것 같다. 셰익스피어는 켐프가 신체를 이용한 기술적인 연기만을 지나치게 중요시하기 때문에, 어떤 역할도 똑같이 연기함으로써 자신이 창조한 인물들을 온전히 재창조하지 못함을 늘 유감스럽게 생각했다. 셰익스피어의 「햄릿」에서 햄릿이 희극배우를 혹평한 장면이 있는데, 그것은 켐프를 염두에 두고 쓴 글이라는 소문이 돌 정도였다.

자연의 절도를 지킨 리처드 버비지

극장 건축가의 아들로 태어나 유년시절을 극장에서 놀며 보낸 버비지(Richard Burbage, ca. 1567~1619)에게 연극은 특별한 날의 특별한 행사가 아니라 생활의 일부였다. 버비지는 중세의 도덕극, 이태리에서 왔다는 꼬메디아 배우들의 연기를 늘상 접했고, 그는 차츰 이 세상에서 가장 매력적인 일이 배우가 되는 일이라고 생각하게 된다. 배우의 꿈을 키우면서 성장한 버비지는 1594년 챔벌린 경 극단의 창립에 참여하면서 극단의 간판배우가 되었다.

어느 정도 배우로서 궤도에 오르자 버비지는 연기에 대해 진지하게 고민했다. 관객들은 분명 익살스러운 연기에 박수를 보내며 즐거워한다. 무언극이나 칼싸움 장면을 가장 좋아했고, 무슨 말인지 알아듣지도 못할 대사를 그저 목청껏 외치는 배우를 열정적인 배우라며 환영하기도 했다. 하지만 연기란 무엇인가? 그림이 인간의 정신을 물감으로 화폭에 담는 것이라면, 연기란 사람들 사이에서 일어나는 여러 가지 행동들을 행동을 통해 보여주는 것이 아닌가. 하늘의 세계를 보여주는 것도 아니고, 땅의 세계를 보여주는 것도 아니고, 하늘과 땅의 중간에 있는, 어쩌면 하늘과 연결되어 있는 인간의 본질을 보여주는 것이라는 생각이 들었다. 바른 것은 바른 대로, 추한 것은 추한 대로, 나약한 것은 나약한 대로 보여주고 싶었다. 그러기 위해서는 연기에 대한 다른 접근이 필요하다는 생각이 절실했다. 즉흥적으로 대사를 잘라먹고 더하고 하는 식의 연기가 아니라, 인물에 대해 보다 진지하게 접근하고 대본에 충실하는 것이 중요하게 여겨졌다.

어느 날 버비지는 셰익스피어가 건네주는 대본을 받았다. 리처드 3세를 연기하라며 셰익스피어는 깊은 신뢰의 눈빛을 보냈다. 버비지는 대본을 꼼꼼히 읽었다. 언어는 시적이었다. 리듬과 운율 때문에 읽기만 해도 생동감이 느껴졌고 언어 자체에 에너지, 강렬함, 고상함이 있었다. 버비지는 이 리듬에 맞추어 몸짓을 하기로 결정했다. 마치 음악에 맞추어 춤을 추는 것처럼. 그만큼 대사는 아름다웠다. 기존의 연기스타일을 완전히 탈피하고자 단단히 마음먹었다. 허튼 소리, 허튼 몸짓은 절대로 하지 않기로 하고, 옷을 입을 때나 벗을 때나 분장실에 있을 때나 버비지는 대사만을 생각했다. 꽥꽥거리지 않으면서 그렇다고 너무 점잖지도 않게, 지나치지 않으면서 부족하지 않은 연기를 생각했다. 조금씩 해답이 보이는 듯했다. 그것은 어떤 자연적인 절도를 벗어나지 않는 연기였다. 모든 대사를 자연스럽고 부드럽게, 감정의 격류가 일어날 때도 힘껏 자제하며 유연하게 말하는 것, 그것이었다.

버비지는 무대에 섰다. 밝은 대낮이었다. 밝은 태양과 잘 어울리는 밝은 에너지를 담고 관객들은 모여 있었다. 무대는 간단한 소품만으로 장소를 말해주고 있었다. 그 외에 장치가 없기 때문에 관객들은 온전히 자신에게 집중할 것이다. 버비지는 목소리를 다양하게 변화시키면서 호흡을 기본으로 차근히 시와 같은 대사들을 읊었다. 목소리에 힘을 실으면서 부드럽게, 격렬하면서도 절제하며 연습한 대로 대사를 관객들에게 들려주며 가능한 제스처를 자제했다. 필요한 곳에서만 아주 절제하여 몸과 손을 움직였을 뿐, 아무리 절정에 달하여도 흥분하지 않고 준비한 몸짓만을 정확하게 해내었다.

공연은 물론 성공이었다. 관객들은 버비지의 대사 리듬에 따라 흥분하기도 하고 차분해지기도 하며 완전히 매료당했다. 1등석에서 3등석에 이르기까지 관객들은 모두 버비지의 연기를 칭송하며 박수를 아낌없이 보냈다. 버비지는 행복했다. 관객의 일부가 아니라 모든 관객을 공감하게 했다는 생각에 가슴이 벅찼다. 희망이 보였다. 일류관객과 삼류관객이 있는 것이 아니라, 일류배우와 삼류배우가 있을 뿐이라는 생각이 들었다. 이제 연극은 이 관객들과 더불어 한층 더 발전될 것이라는 확신이 들었다.

리처드 3세의 역할로 인기 절정에 오른 후 버비지는 계속 햄릿, 리어왕, 오셀로 등 셰익스피어의 주요 비극의 주인공을 도맡았다. 모든 역에서 완벽한 변신을 했기 때문에 버비지는 변신의 마술사 '프로테우스 신'이라는 애칭을 얻었다. 셰익스피어 역시 그의 절제된 연기를 연기의 모범으로 보았다.

천재배우, 전설의 배우 – 토마스 베터통에서 데이비드 개릭까지

엘리자베스 시대에 불이 지펴진 연극은 1642년부터 1660년까지 크롬웰이 대중극장의 문을 닫음으로써 표면상 사라졌다가, 1660년 찰스 2세가 왕위에 오르며 다시 극장의 문을 열자 봇물 터지듯 쏟아져 나온다. 크롬웰 치하에서 자유를 구속받은 대중들은 찰스 치하에서 자유로움을 만끽하며 쾌락과 즐거움을 추구했다. 귀족들의 거실에는 난봉꾼이 들끓었고 서민들은 극장에서 연극을 보다가 마음에 들지 않으면 무대를 향해 계란을 던지고 서로 싸움을 벌이기도 했다.

18세기에 들어서도 크게 달라진 것은 없었다. 여전히 런던에는 멋쟁이들, 부패한 정치인들, 불량배들, 촌뜨기들이 모여들었고 학자들, 사업가들은 클럽을 전전하며 가십거리에 탐닉하면서 음주와 도박, 사교를 즐겼다. 서재나 도서관에서 학문에만 몰두하지도, 영국의 앞날을 수호하기 위해 헌신하지도 않는 이들 모두는 연극의 훌륭한 관객이었다. 빈둥거리지만 완전한 난봉꾼은 아닌, 적당히 책도 읽고 적당히 세상을 고민하는 고급건달만큼 훌륭한 관객이 또 어디 있겠는가.

개릭은 이들 모두의 마음을 사로잡은 18세기의 가장 유명한 배우였다. 한껏 폼을 잡느라 뻣뻣해진 선배 배우들의 연기를 자연스러운 대사와 움직임으로 대체한 그는, 풍부한 표정과 유연한 움직임으로 단연 관객들의 주목을 받았다. 개릭은 영국 연극사에서 '위대한 배우의 시대'를 연 장본인이었고, '위대한 배우의 시대'는 그 다음 세대 사라 시돈즈까지 이어진다.

천재배우 토마스 베터통

토마스 베터통(Thomas Betterton, 1635?~1710)은 1660년부터 1710년까지 50년간 천재배우로 인정받으며 영국 무대를 장악한다. 베터통이 두각을 나타낸 시점은 「햄릿」을 공연하면서부터였다. 다비넌트 공작 극단(Davenant's Duke's Company)의 주연배우로 단원들의 신뢰와 존경을 한몸에 받았던 베터통은 항상 햄릿에 도전하고 싶어했다. 단원들에게 뜻을 밝혔을 때

단원들은 대찬성을 했다. 절제와 위엄, 생동감, 화려함까지 갖춘 베터통이었기에 단원들 모두는 기대감에 가득 찼다. 베터통의 햄릿은 누구나 기대하는 작품일 수밖에 없었다. 그 옛날 버비지의 전설 같은 명성을 베터통이 깨어줄 수 있을지 모두들 흥분했다. 베터통은 내심 웃음을 지었다. 리처드 버비지의 연기스타일을 이어받은 죠셉 테일러가 다비넌트 경에게 연기법을 전수했고, 그러한 다비넌트 경이 베터통에게 온 심혈을 기울여 자신이 알고 있는 모든 연기법을 전해주었던 것이다. 공연은 물론 성공이었다. 관객들은 보지도 못한 버비지가 부활했다고 극찬하며 베터통을 단번에 천재배우의 위치로 올려놓았다.

베터통은 연극의 공백기 이후 처음으로 등장한 위대한 배우였기 때문에 자연히 위대한 배우 그 이상으로 연극계의 리더 역할을 하게 된다. 제임스 2세는 베터통이 연극에 대한 더 넓은 식견을 갖추도록 국비로 프랑스에 유학까지 보냈고 그 열성에 보답하듯 베터통은 소론 「연극예술과 배우의 임무와 자질 The Qualifications of a Player」을 통해 연기하는 기본자세와 기본자질을 가르쳤다.

먼저 후배 배우들이 연습 전날 술을 많이 마시거나 몸을 함부로 다루는 것을 경계했다. 연습 전날 방탕한 하루를 보내고 몸이 회복되지 않은 채로 연습실에 오는 배우들을 보면 베터통은 한심스러웠다. 사회 분위기가 그러하니 술을 마시고 멋진 침실에서 여자의 시중을 받는 것은 어쩔 수 없다고 하자.

하지만 작품 연구는 언제 하는가? 연구 없이는 작품에 대한 깊은 이해가 불가능한데, 항상 그런 배우는 상상력만을 내세우곤 한다. 이해 없이 상상력만을 내세워 연기하는 것은 무식할 따름이지 않은가. 베터통은 대본을 연구하지 않고, 명쾌한 발음이나 액션의 기본동작을 훈련하지 않는 배우는 과감히 극단에서 내보냈다. 금지되었다가 겨우 부활된 연극인만큼 베터통은 어떤 책임감으로 연극계를 쇄신하고자 노력한 것이다.

왕의 정부 넬 귄

넬 귄(Nell Gwynn, 또는 엘리노어 귄 Eleanor Gwynn, 1650~1687)은 빈민가 출신에서 왕의 총애를 받는 정부의 위치까지 올라간 여배우였다. 영국의 연극사상 첫 여배우였을 뿐 아니라 이 놀라운 신분상승은 당시 왕정복고 사회의 분위기에도 일조했던 것 같다. 넬 귄은 아버지가 누군지 모른 채 사창가에서 성장한다. 처음에는 연극과 무관하게 극장에서 연애하는 귀족을 대상으로 꽃을 팔았는데, 당시 배우 찰스 하트의 눈에 띄어 그의 정부로 연극계에 첫발을 들여놓았다. 배우인 정부의 도움으로 몇 년 후 데뷔를 했는데, 연기력보다는 꼭 끼는 바지를 입었기 때문에 돈 많은 한량들의 사랑을 받았다고 한다.

한동안 작은 역할을 맡으며 춤과 노래로 한량들의 시선만을 사로잡았던 넬 귄에게 운명의 날이 다가왔다. 1669년 존 드리든의 「폭군적 사랑」의 에필로그에 그녀가 등장했을 때

찰스 2세는 객석에 앉아있었다. 찰스에게 넬 귄은 특별해 보였다. 귀족부인들의 과장된 우아함도 없었고, 걸핏하면 파티에서 연약함을 과시하며 쓰러지는 귀족따님들의 역겨움도 없었다. 찰스 2세는 주저하지 않고 넬 귄을 정부로 맞아들였다. 넬 귄은 곧 무대를 떠나 찰스와의 사이에 2명의 아들을 두었고, 배우 시절과는 비교할 수 없을 정도로 사치스러운 생활을 했다. 그러나 넬 귄은 자신이 누리는 대저택, 아름다운 옷 이외에는 그다지 다른 관심이 없었다. 수많은 왕의 정부들은 아들을 둔 경우, 왕좌를 노리는 일이 빈번했지만 넬 귄은 어떤 정치적 인물과도 연관되지 않고 단지 왕과 자신의 아들과 함께 행복하게 사는 것으로만 만족했다. 작은 아들이 어린 나이로 죽은 후 허망한 세상 욕심보다는 하루하루 행복하게 사는 것이 더 현명한 것임을 깨달았기 때문이다. 찰스는 이러한 넬 귄을 잘 알고 있었고, 자신이 죽은 후에 욕심 없는 넬 귄의 앞날을 걱정했다. 찰스는 임종에 자신의 동생에게 넬 귄을 부탁한다고 유언하게 된다. 아들을 잃고 자신만을 의지하며 사는 넬 귄이 자신이 죽은 이후 절대로 밥을 굶는 일이 없도록 해달라는 것이었다. 찰스의 동생은 형의 부탁대로 넬 귄이 죽을 때까지 편안하게 살 수 있도록 여러모로 돌봐주었다.

전통의 반항아 찰스 맥클린

파란만장한 삶을 살았던 찰스 맥클린(Charles Macklin, 1697~

1797)은 웅변조와 장엄한 연기양식이 유행했던 무대에 자연스러운 연기를 가져온 전통의 반항아였다. 맥클라인은 더블린에서 태어나 하인의 위치와도 같았던 수습배우로 출발했다. 런던 첫 무대 데뷔에서 그다지 성공을 거두지 못한 채, 작은 마을을 전전하며 방랑생활을 하다가 1733년 드루리 레인(Drury Lane)으로 돌아왔을 때, 맥클린은 서서히 빛을 보기 시작했다. 당시 드루리 레인 극장을 경영하는 찰스 프릿우드(Charles Fleetwood)가 맥클린의 연기법을 신선하게 받아들였기 때문이다. 1741년 「베니스의 상인」에서 맥클린은 샤일록을 맡아 자신의 연기원리와 신념을 그대로 무대화함으로써 인생의 절정을 맞았다. 대부분의 배우들은 샤일록을 희극적으로 연기했지만 맥클린은 샤일록을 아주 진지한 인물로 해석하였고, 비평가들은 "이것이 셰익스피어가 쓴 유태인, 샤일록이다."라며 극찬을 보냈다. 떠돌이배우로, 하인과 같은 위치의 삼류배우로 전전하던 44세의 일이었다. 전통적으로 이어 내려오는 연기법에 항거한 맥클린은 의상에도 과감한 도전을 한다. 1772년 「맥베스」를 연기할 때였다. 맥클린은 아름다운 옷이 아니라 역사적으로 고증된 의상을 배우가 입어야 한다는 믿음으로 실제로 스코트식 의상을 입었다. 역사적 고증이라는 개념이 존재하지 않았던 당시로서는 파격적인 발상이었다. 이는 기존의 연기, 즉 실제와 떨어져 미화되고, 그래서 보는 사람마저도 진실에서 멀어지게 하는 연기에 대한 맥클린의 반항이었다.

맥클린이 당시 연극에 가장 크게 공헌했던 점은 무엇보다도 자연스러운 연기법을 제시함으로써 연기의 새 장을 열었다는 것이다. 이후의 많은 배우들은 "연기는 기존의 어떤 특별한 목소리, 몸짓을 모방하는 것이 아니라 현재 일상생활의 말하기, 움직이기를 참고하면 되는 것"이라는 맥클린의 충고를 따라 더 이상 전통을 필요 이상으로 숭배하지 않고, 자유롭게 자신의 독특한 연기를 펼쳐나가게 된다.

전설의 배우 데이비드 개릭

'개릭의 시대'라는 말을 탄생시킨 데이비드 개릭(David Garrick, 1717~1779)은 62세의 짧은 생애지만 오늘날까지 모든 연극인의 가슴에 남아있는 배우이다. 무엇이 개릭을 그토록 위대하게 만들었을까?

개릭은 리치필드(Litchfield)에서 가난한 육군대장의 아들로 태어났다. 개릭이 처음 런던에 온 것은 예술가의 꿈을 안고서가 아니라 술집을 경영하여 생활을 안정시키려는 목적이었다. 하지만 이것이 그를 배우의 길로 인도한다.

동생과 술집을 경영하며 코벤트 가든 주변의 커피하우스에서 배우들을 알기 시작했을 무렵이었다. 개릭은 전통의 반항아인 찰스 맥클린과 알고 지냈고, 아름다운 여배우 펙 요핑톤(Peg Woffington)을 알게 되면서 그녀와 사랑에 빠지기도 했다. 개릭은 이들을 통해 자연스러운 연기에 대한 개념을 이해하며 차츰 연극에 매력을 느껴갔다. 취미삼아 아마추어 극들에 참

가하여 단역을 맡으면서 연기하던 중, 무허가극단 굿맨즈 필드(Goodman's Fields)에서 「리처드 3세」를 맡게 되었는데, 이 공연이 개릭의 인생을 완전히 뒤바꾼다. 신생극단에서 공연한 「리처드 3세」는 커다란 두 개의 음악회 사이에 끼여 있는 평범한 공연이었다. 연극보다 음악회에 훨씬 더 비중이 있는 공연이었다. 아무런 부담 없이 무대에 오른 개릭은 편안한 마음으로 역할에만 집중했다. 하지만 결과는 의외였다. 관객은 개릭의 연기에 모두 광분했다. 개릭의 리처드 3세 연기는 즉각적인 성공과 뜨거운 호응을 가져왔고 굉장한 돌풍을 일으켰다. 1741년, 개릭의 나이 24세 때 거둔 첫 번째 성공이었다. 이날 이후 개릭은 배우로 일생을 바치기로 결심하며 동생에게 편지를 썼다. "지난 밤 나는 리처드 3세를 연기했단다. 모든 관객이 내 연기에 흥분하고 경악했던 밤이었어. 그 덕분에 일 년에 거의 3백 파운드 정도를 벌 수 있을 것 같아. 내가 연극에 미쳐있다는 것은 사실이야. 그리고 지금 난 내 인생 끝까지 배우의 길을 걷기로 결심했어. 네가 이 사실을 못마땅해 한다고 해도 언젠가 내가 완벽한, 천재적인 배우가 된다면, 그땐 네 마음이 풀리겠지. 나를 수치스러운 형으로 생각하지 않기를 바란다……."

개릭은 굿맨즈 필드를 그만두고 드루리 레인으로 가면서 전설의 배우 개릭으로 도약했다. 그는 정해진 포즈를 취하거나 노래를 부르듯 낭송하는 경향이 있는 당시의 무대에서 자연스러운 연기를 과감히 도입했다. 흔히 관객들은 개릭의 '완전한 변신', '뛰어난 인물 창조' 때문에 개릭이 어떤 특별한 연기법을 가지고 있다고 믿었지만, 사실 개릭은 아주 사소한 것으로부터 연기를 구상했다. 인물에 대한 영감이 떠오르지 않으면 곧잘 시장이나 법정에 가서 사람들을 유심히 살피곤 했다. 리어왕을 연기할 때였다. 믿었던 딸들로부터 배신당한 아버지의 광기를 표현하기 위해 개릭은 먼저 어린 아이를 잃고 미쳐갔던 사람을 떠올렸다. 그 사람의 눈빛, 고갯짓, 음색 등을 기억하면서 개릭은 당당히 고백한다. "그 사람에게서 나는 광기를 배웠습니다. 나는 자연을 그대로 복사한 셈이지요. 그래서 리어왕을 성공한 것입니다."

드루리 레인을 경영하면서 개릭은 연기단체를 조직했다. 자신의 자연스러운 연기를 보다 더 확산하고 입증하고 싶었기 때문이다. 개릭은 엄격하게 배우들을 훈련시켰다. 시간을 엄수하는 것은 기본이었고 리허설 기간에도 대사만을 단순히 암송하는 것이 아니라 실제 공연처럼 연기하도록 유도했다. 실제로 개릭의 공연 연습기간은 18세기 관행보다 훨씬 긴 몇 주에 걸친 기간이었다고 한다. 드루리 레인은 개릭이 은퇴하는 1776년까지 런던 연극계 최고의 연기단체가 되었다.

제자들과 함께 당시 모든 사람이 인정하는 최고의 배우에 오른 개릭은 셰익스피어의 「햄릿」에 도전한다. 셰익스피어의 햄릿은 남자배우라면 모든 한번쯤은 탐을 내는 역할이었다. 특히 햄릿의 그 유명한 대사 'to be or not to be(사느냐 죽느냐)'는 햄릿을 연기하는 모든 배우들이 가장 열성을 다해 수십 번을 연습하는 대사였다. 거칠고 장엄하게, 웅장하고 세련되게. 개릭의 'to be or not to be'는 공연이 시작하기도 전 모든 연극인들과 관객들의 관심의 초점이 되었다. 마른 체격에 보통 키, 깊이 있는 눈빛을 가진 개릭이 분명 이전과는 다른 연기를 보여 줄 것이기 때문이었다.

드디어 개릭이 그 유명한 대사를 할 때가 왔다. 객석은 모두 숨을 죽였다. 어떻게 말할 것인가. 얼마나 아름답게 말할 것인가. 기대가 가득했다. 개릭은 관객을 향해 섰다. 그리고 너무도 평범하게 또박또박 대사를 말했다. 시를 읊는 것도 아니고 이전의 배우들처럼 웅변하는 식도 전혀 아니었다. 그저 말을 할 뿐이었다. 필요 이상의 감정이입도 없었다. 전혀 다른 스타일이었다. 앞에 절친한 친구를 놓고 마음을 털어놓는 듯, 고민을 말하는 듯, 소박하고 진실하게 그저 말할 뿐이었다.

너무도 다른 스타일의 대사에 관객은 말을 잊었다. 한동안 조용하다가 약속이라도 한 듯 한꺼번에 박수가 터졌다. 역시 개릭이라는 소리가 여기저기에서 쏟아졌다. 누가 이토록 자연스럽게 말할 수 있겠는가. 개릭만이 할 수 있는 연기라며 관객들은 흥분을 주체하지 못했다. 개릭의 무대개혁은 18세기 영국의 연극을 부흥시켰을 뿐 아니라 유럽 전체가 영국의 연극에 경의를 표하게 만들었다. 1779년 개릭은 웨스트민스터 사원의 시인구역에 묻혔다. 그러나 그는 지금까지 영국 연극의 자존심으로, 전설의 배우로서 국민들의 가슴에 기억되고 있다.

신의 얼굴 사라 켐블 시돈즈

6대에 걸친 영국의 연극 가족인 켐블가에서 가장 유명한 배우는 사라 켐블 시돈즈(Sarah Kemble Siddons, 1755~1831)이다. 시돈즈는 영국 무대에서 가장 위대했던 여배우로 손꼽히며 '신에 의해 선택받은 여제사장'이라는 별칭까지 얻었다.

시돈즈는 1755년 7월 5일 브레크녹(Brecknock)에서 태어났다. 유명한 연극 가족의 딸답게 사라는 어려서부터 무대에 섰고, 18세 때 아버지 극단의 무명배우인 윌리엄 시돈즈(William Siddons)와 결혼한다. 2년 후 시돈즈가 지방에서 성공을 거두자 개릭이 관심을 갖게 되었고, 개릭을 통해 사라는 1775년 12월 29일 런던에서 데뷔를 한다. 하지만 그 첫 무대는 사라에게 처음이자 마지막인 실패를 가져다주었다. 사라의 가냘픈 목소리는 2,000석의 드루리 레인 극장에 어울리지 못했던 것이다. 결과적으로 개릭의 관심 밖으로 나가게 되자 드루리 레인 극장과의 관계도 끝나게 되었다. 사라는 다시 지방으로 돌아가 6년의 시간을 보낸다.

사라가 두 번째 런던에 나타난 것은 1782년이었다. 사더른(Southerne)의 「이자벨라, 또는 운명적 결혼 Isabella, The Fatal Marriage」의 주역을 맡았는데, 이 공연을 하면서 사라는 자신이 그 거대한 공간에 유일한 관심의 대상이 될 것을 생각하고 두려움을 느꼈다. 하지만 두 번째도 실패할 수는 없었다. 사라는 필사적으로 평안을 찾으면서 무대에 섰다. 극장은 사라의 두려움대로 사라만이 관심의 대상이었다. 공연이 끝난 후 공연장은 사라의 '인간이 아닌 신의 얼굴'과, 극도로 표현적인 눈, 그 정열, 심오한 상상력으로 인한 놀라움으로 가득 찼다. 이로써 사라는 당대 가장 위대한 비극 여배우로 자리를 굳힌다.

그 다음 시즌에서 사라는 자신뿐 아니라 연극계를 기쁨으로 몰아넣었다. 「더글라스 Douglas」에서 랜돌프 부인(Lady Randolph), 「슬퍼하는 신부 The Mpurning Bride」에서 짜라(Zara), 코체부(Kotzebue)의 「이방인 The Stranger」에서 할러 부인(Mrs. Haller) 등을 연기하며, 사라는 커다란 영광을 받게 된다. 이토록 빛나는 연기의 비법을 묻는 많은 사람들에게 사라는 영감에만 의존하지 말라고 조언한다. 모든 역을 철저하게 공부를 통해서 접근하는 것이 자신의 비법임을 밝혔다.

사라는 공연 중에도 인물구축을 위해 최선을 다했다. 개릭은 비극적인 연기를 하더라도 장면이 끝나고 다음 장면을 기다리는 동안 분장실에서 쉽게 농담을 하곤 했지만, 사라는 전혀 달랐다. 공연이 시작되면 사라는 분장실의 문을 닫았다. 오직 무대 위에만 집중하기 위해서였다. 무대 위에서 벌어지는 사건들을 하나하나 새겨듣고, 느끼며 마음과 정성을 다해 집중하였다. 코체부의 「이방인」에서 할러 부인 역을 맡고 있을 때는 공연이·다 끝나고 집에 도착할 때까지도 사라는 울음을 멈추지 않았다고 한다. 무대 위에서의 감정이 공연이 끝난 뒤에도 이어졌기 때문이다. 사라에게 있어서 연기란 단지 직업이 아니라 자신을 던지고 성취하는 직업 이상의 것이었다.

전통과 혁명의 용광로－프랑스

다른 곳과 마찬가지로 프랑스에서도 종교 드라마는 16세기 초기에 사라졌고, 중반에는 이태리 극단이 전성기를 이루었기 때문에 파리에서 프랑스 극단은 거의 활동하지 못했다. 겔로시와 같은 이태리 극단들이 당시 프랑스 전역에서 너무도 큰 인기를 누려서 프랑스배우들이 설 자리가 없었던 것이다.

파리에 최초로 지어진 브르고뉴(The Hotel de Bourgogne)를 기점으로 기욤므(Gros-Guillaume, ?~1634), 고띠에(Gaultier-Garguille, 1573~1633), 뛰르류뺑(Turlupin, 1587~1637) 등 유명한 세 명의 희극배우가 탄생한다. 이 세 배우는 바르랑 르 꽁뜨(Valleran Lecomte)가 이끄는 최초의 자국 극단에 들어가 활동을 했다. 르 꽁뜨 극단은 알렉산드로 하디(Alexandre Hardy)가 쓴 작품을 공연했지만, 대중을 위한 소극 형태의 공연도 자주했다. 소극의 연기스타일은 중세의 연기를 바탕으로 한 과장된 몸짓, 우스운 상황묘사 등이 위주였다. 기욤므, 고띠에, 뛰르류뺑은 꼬메디아 델라르테에게서 직접 즉흥연기를 배웠기 때문에 특히 대중을 위한 소극공연에서 이태리배우 못지않은 몸 재주와 즉흥연기로 관객의 관심을 끌었다. 이들 세 명의 배우가 가지는 의의는 당시 거리의 약장수 정도의 취급을 받던 프랑스배우들의 위치를 직업배우로 인정받게 했으며, 이태리배우들에게로 쏠린 관객의 관심을 프랑스 자국 배우들에게로 옮기게 한 역할을 했다는 점이다.

마레 극장과 브르고뉴 극장의 배우들

프랑스배우의 위신을 높이고자 하는 자국 배우들의 활동이 활발해지면서 대중을 웃기는 소극 이외에도 진지한 비극에 대한 관심도 증가했다. 프랑스의 첫 비극배우는 몽도리(Montdory, 1594~1654)였다. 몽도리는 오렌지 극단을 만들어 마레(Marais) 극장을 근거지로 당시 능숙한 희극배우였던 죠도레(Jodelet)와 함께 새로운 비극연기를 개척한다. 1636년 꼬르네이유의 「르 시드」의 초연이 그 시작이었다. 몽도리는 먼저 웅장한 음성을 내는데 주력하며 목소리의 웅장함과 그에 걸맞는 신체 움직임을 선보이며 「르 시드」로 호응을 얻어냈다. 하지만 기쁨은 잠깐이었다. 「르 시드」의 작가 꼬르네이유가 당시 중요하게 여긴 극작법을 무시했다는 비평이 연극계에 돌자, 경쟁자들이 작품뿐 아니라 공연의 무가치함을 집요하게 선동했다. 몽도리의 연기는 잠시 빛을 발하다 곧 스러진다.

이후 몽도리는 끊임없이 비극 연기를 위해 노력했지만, 몽도리의 연기스타일은 곧 몽도리에게 과도한 피로를 가져왔다. 작품의 인물이 절규를 하든 속삭이든 간에 몽도리는 무조건 큰 소리로 웅장하게 말해야 한다고 믿었기 때문에 공연 하나하나가 몽도리를 과로로 내몬 것이다. 몽도리는 헤로드 역을 맡아 온 힘을 다해 절규하던 1636년의 어느 날 중풍에 걸리고 만다. 특히 혀에 온 중풍으로 그는 연기인생을 마감해야 했다.

몽도리의 라이벌이었던 브르고뉴 극장에서는 몽도리의 은퇴 이후 마레 극장의 최고 배우였던 벨레로즈(Bellerose, ?~1670)와 몽플뢰리(Montfleury, 1608~1667)를 섭외한다. 몽플뢰리 역시 몽도리의 스타일대로 비극배우는 무조건 목소리가 웅변하는 듯해야 하고, 움직임은 그에 맞게 역시 웅장하고 장엄해야 한다고 믿었다. 몰리에르는 몽플뢰리의 연기스타일을 너무도 싫어해서 "인위적인 연기 그 이상이 아닌"이라고 평하며 늘 심하게 비꼬았다. 이 비극배우들이 일상과 유리된 웅변조의 대사를 읊고 과장된 몸짓을 한 것은, 당시의 연극대사가 일상의 언어가 아닌 우아하면서 동시에 지극히 형식적이고 추상적이었던 까닭이었다. 배우들은 자신들이 읊는 대사에 맞추어 모든 신체적 움직임을 언어에 맞추어야 했다. 움직임 역시 거대한 의상으로 주로 상반신, 그 중에서도 특히 얼굴, 손, 팔에

한정되었다. 따라서 고개를 숙이는 인사, 손수건, 막대 등의 소품을 이용하여 보다 귀족적인 품위를 갖추려고 고전분투한 것이다. 하지만 브르고뉴 극장의 플로리도르(Floridor)는 예외였다. 플로리도르는 꼬르네이유, 라신느의 비극에 출현했는데 특히 「앙드로마끄」에서 1667년에 주연을 맡아 명료한 발성을 바탕으로 자연스러운 연기를 시도했다. 몰리에르는 브르고뉴 극장의 배우들을 혹독히 비판하면서도 자연스러운 연기를 시도한 플로리도르에 대해서는 호의적이었다고 한다.

꼬메디 프랑세즈의 배우들

몰리에르는 지방을 순례하며 연기력을 쌓아가다 1658년 파리에 정착한다. 관객들은 몰리에르가 제기한 브르고뉴 극장 배우들의 인위적 연기에 대한 비판에 관심을 가지면서 몰리에르 극단의 앙상블을 보기 위해 모여들었다. 몰리에르의 능숙한 연기솜씨뿐 아니라 몰리에르 극단의 다른 배우들 모두가 신선함을 주었기 때문이다. 몰리에르의 연인이면서 작품의 거의 모든 여주인공을 도맡았던 마드렌느 베자르(Madeleine Bejart, 1618~1672), 마드렌느 베자르의 이복동생으로 후에 몰리에르의 아내가 되었던 아르망드 베자르(Armande Bejart, 1642~1700) 등 몰리에르 극단의 아름답고 재능 있는 여배우들도 관심의 대상이었다. 특히 아르망드 베자르는 「부인들의 학교 L'Ecole des femmes」에서 천재적인 희극 연기를 선보였다. 몰리에르가 죽은 후 루이 14세는 1680년에 왕명으로 프랑세즈 브르고뉴 극장과 몰리에르의 극단을 통합하여 꼬메디 프랑세즈를 창립한다. 몰리에르의 베테랑 단원들을 기반으로 한 꼬메디 프랑세즈는 세계 어느 나라에서도 유래를 찾아보기 힘든 긴 역사를 자랑하게 된다. 꼬메디 프랑세즈는 프랑스에서 명성을 얻고 싶은 배우라면 반드시 서야 하는 무대가 되었다. 간혹 배우를 발탁하는데 부정이 있어 구설수에 오르기는 했지만 1680년부터 프랑스혁명에 이르기까지 프랑세즈의 역사는 프랑스 연기의 역사와 동일시되었다.

극작가, 배우, 연출자였던 몰리에르

몰리에르(Moliere, Jean-Boptiste Poquelin, 1622~1673)의 극단과 꼬메디 프랑세즈를 동일화하는 것은 몰리에르에 대한 단순한 숭배만은 아니다. 프랑스 연극이 누구보다 몰리에르에게 더 많은 영향을 받았기 때문이다. 몰리에르의 문학적 창조성으로 프랑스 무대는 단지 말하는 장소가 아니라 독특한 인물과 사회를 날카롭게 통찰하는 하이코메디의 산실이 되었다. 장 밥티스트 뽀끌랭이라는 본명을 가진 몰리에르는 루이 13세의 궁정에 가구를 담당하는 책임자의 아들로 태어났다. 아버지의 가업을 이으며 훌륭한 교육을 받은 몰리에르는 시라노 드 벨쥬락(Cyrano de Bergerac)과 같은 문인들과 친분을 쌓으며 문학에 눈을 뜨기 시작했다. 몰리에르는 한때 아버지의 뜻을 따라 법을 공부하였지만, 연극에 대한 열정으로 곧 아마추어 극단을 조직했다. 파리에서 관객을 모으다 실패한 그는 1644년에 지방으로 거처를 옮기면서 아버지의 이름에 먹칠을 하지 않기 위해 장 밥티스트 뽀끌랭에서 몰리에르로 이름을 바꾼다. 그는 거의 12년간을 거리에서 거리로, 여관에서 여관으로 떠돌며 탄탄한 배우로 성장한다. 중요한 점은 이 12년의 기간이 살아있는 인물들을 창조하는 원동력이 되었다는 점이다. 왕궁과 귀족들의 파티에서는 볼 수 없는 삶의 생생한 현장, 평범한 사람들의 사랑과 좌절은 있는 그대로 몰리에르의 작품에 흡수되었다.

1658년 몰리에르 극단은 루이 14세 앞에서 공연을 하며 이태리 극단과 함께 극장을 사용하는 특권을 얻는다. 하지만 몰리에르의 앞날이 순탄하지만은 않았다. 귀족사회의 위선을 통렬하게 꼬집음으로써 점차 적이 많아졌고, 몰리에르의 아름다운 젊은 아내 아르망드 베자르 역시 여러 가지 연애스캔들로 몰리에르를 힘들게 했다. 스캔들을 더욱 부추긴 것은 왕의 총애를 받는 몰리에르를 시기한 상대편 브르고뉴 극단 배우들의 입소문이었다고 한다.

1662년 몰리에르가 「부인들의 학교」로 큰 성공을 거두자 몰리에르 극단은 브르고뉴 극단과 더욱 치열한 경쟁관계에 놓인다. 결국 몰리에르의 극장은 희극의 전당이 되었고, 브르고뉴 극장은 비극의 전당으로 남았다. 몰리에르는 「따르뛰프 Tartuffe」「돈 쥬앙 Don Juan」 등을 공연하지만 계속 가해지는 공격에 지쳐갔고, 결국 자신의 작품 「가짜 환자 The imaginary

Invalid」(1673)를 공연하는 동안 발작을 일으켜 숨을 거둔다. 당시 배우들은 교회로부터 배척당했기 때문에 몰리에르의 장례식은 배우의 운명대로 초라한 형태로 밤에 거행되었다. 그러나 수천 개의 횃불이 그를 따르며 이 위대한 희극배우의 무덤까지 동행했다고 한다.

미셸 바롱

바롱(Michel Baron, 1653~1729)은 몰리에르의 제자 중 가장 각광받는 위대한 비극배우였다. 바롱은 몽도리 극단에 소속했던 배우의 아들로 태어나 일찍 고아가 되어 아역배우로 출발하였다. 그러다 우연히 몰리에르의 눈에 띄어 그의 특별한 애정을 받으며 본격적인 연기공부를 시작하게 된다. 몰리에르는 바롱에게 자신이 주장하는 자연스러운 연기를 아낌없이 전수했다. 바롱은 몰리에르가 죽은 후 스승의 극단을 유지하기 위해 희극공부를 하기도 했지만 다음해 결국 몰리에르의 극단을 떠나 비극의 전당이었던 브르고뉴 극단에 가입하게 된다.

브르고뉴 극단에서 바롱은 당대 최고의 프랑스 비극배우로 성공한다. 몰리에르 극단을 떠났다고 해도 바롱의 연기관은 분명 몰리에르 식이었다. 몰리에르의 이상에 맞는 자연스러운 화법과 인간 정서를 부드럽게 낭송하는 듯 표현하는 연기스타일을 구축했다. 일부에서는 격찬을 했고, 일부에서는 비판을 했다. 그러나 바롱은 흔들리지 않았다. 자기와 같이 작업하는 배우들의 의견을 존중했을 뿐이었다. 귀 기울일 대상은 비평가들이 아니라 자신과 같이 호흡하는 배우들이라고 믿었기 때문이다.

바롱은 한참 전성기를 누리던 1691년에 돌연 은퇴하였다. 아무도 바롱의 은퇴를 이해할 수 없었다. 갑작스런 은퇴로 그의 연기법 또한 사라졌다. 바롱의 영향으로 터질 듯한 대사 읊기식에서 조금 벗어났었던 배우들은 모두 다시 옛날의 그 과장된 연기법으로 돌아갔다. 극장은 한동안 웅변식의 비극연기가 주류를 이루었다. 그러다 돌연 1717년 여배우 아드리엔 르꾸르베(Adrienne Lecouvreur)가 자연스러운 연기로 과감히 무대에 도전하자, 어떠한 연기법이 과연 옳은 것인지에 대한 논란으로 연극계는 다시 혼란에 빠졌다. 이 혼란은 바롱의 귀에까지 들어갔고, 아드리엔 르꾸르베를 통해 자신의 연기법에 어떤 가능성을 느낀 바롱은 은퇴 30년 후 다시 무대에 돌아온다. 오로지 그녀의 상대역을 하기 위해서였다. 30년 만에 펼쳐지는 바롱의 연기는 관심의 초점이었다.

오랜 은퇴의 시간에도 불구하고 바롱의 연기는 녹슬지 않았다. 무대로 다시 복귀한 바롱은 다시 한번 자연스러운 연기가 무엇인지 재확인시켰다. 바롱 스타일의 '새로운 연기법'은 '자연스러움'을 주제로 한 논쟁으로 프랑스 무대를 들끓게 했다.

전형적 비극 여배우 히뽈리뜨 끌레롱

끌레롱(Hyppolite Clairon, 1723~1803)은 18세기 프랑스 연

극을 전형적으로 대표하는 배우였다. 가난한 무명의 배우로 지방에서 연극을 시작한 끌레롱은 오페라의 언더 스터디로 시작해 프랑세즈에서 데뷔를 한다. 20세의 끌레롱은 비극 「페드라 Phedre」에서 주연을 맡아 대단한 성공을 거두었고 이후 지극한 노력을 더하여 꼬메디 프랑세즈의 비극 주연 여배우로 자리를 굳힌다. 끌레롱은 무대 안에서나 밖에서나 꼼꼼히 자신의 역을 연구하고 준비했다고 한다.

끌레롱에게는 몇 가지 연기원칙이 있었다. 첫째는 목소리를 올바르게 운용하는 것이었다. 무엇보다도 배우는 잘 울려 퍼지는 강하고 낭랑한 소리로 표현하고자 하는 것을 또렷이 전달해야 한다고 믿었다. 끌레롱은 깨끗하고 조화로우며 유연한 목소리로 모든 억양, 어조, 음성, 발성을 할 수 있도록 늘 훈련했다. 둘째는 힘이었다. 재능이 있어도 피곤하다면 좋은 연기는 불가능하다는 것을 경험으로 알고 있었다. 호흡을 담당하는 폐가 안 좋다거나, 약한 체격으로는 비극의 무게감 있는 인물을 연기하기 힘들기 때문에 체력훈련도 게을리하지 않았다. 셋째는 대본의 연구였다. 작가가 이미 필요한 것들을 제시하지만 그 나머지는 배우 자신이 덧붙여야 하므로 읽은 대본을 명상하고 더 차분히 연구하여 수백 번 되풀이하면서 하나하나 어려움을 극복해 나가려 했다. 끌레롱은 인물을 연구하는 것뿐 아니라 작가의 의도를 발전시키기 위해 역사, 미술 등 관련 학문까지 열심히 공부했다. 또한 장면과 이어진 감정들을 면밀히 알기 위해 각각의 인물과 다른 인물과의 관계들까지도 깊이 살폈다. 끌레롱은 독보적인 주연 비극배우로서 타의 추종을 불허했지만, 꼬메디 프랑세즈에 다른 한 명의 라이벌 배우가 있었다. 끌레롱보다 10세 더 많은 마리 프랑소아 뒤므닐이었다. 끌레롱과 뒤므닐은 단지 주연 자리를 놓고 싸우는 경쟁자가 아니라 연기스타일에서 정반대였기 때문에 사람들의 관심을 끌었다. 뒤므닐은 자연스럽게 변신하는 배우로 그다지 독특한 음성연기나 우아한 제스처는 없었지만 관객의 깊은 정서를 건드리는 능력이 있었다. 끌레롱은 우아함과 화려함으로 늘 관객의 시선을 끌었지만, 외면할 수 없는 매력을 가진 뒤므닐을 항상 의식할 수밖에 없었다.

마리 프랑소아 뒤므닐

뒤므닐(Marie-Francoise Dumesnil, 1713~1803)은 꼬메디 프랑세즈에서 활약한 끌레롱의 라이벌이었다. 그는 파리에 데뷔하기 전에는 당시의 모든 배우와 마찬가지로 지방에서 배우로 활동했다. 1737년에 뒤므닐은 프랑세즈에서 라신느의 「아울리스의 이피게니아 Iphigenia in Aulis」에서 클리타임네스트라 역을 맡으며 주목을 받는다. 3년 후인 1740년에는 볼테르와 긴밀한 관계를 유지하며 볼테르의 여러 작품에서 독특한 인물을 창조한다. 볼테르는 뒤므닐의 열정과 뜨거움을 자극해 울부짖음까지 나오도록 유도하였다고 한다. 또한 원래 격정적인 기질이었던 뒤므닐에게 법칙보다는 직감에 의존하는 연기를 하도록 장려했다. 격정적인 장면을 제외한다면 뒤므닐의 연기에 특별할 것이 없었다는 평도 간혹 있었지만, 열정과 격렬함을 표현하는 부분에서만큼은 끌레롱뿐 아니라 다른 어떤 배우보다도 뛰어났다. 뒤므닐의 장점, 정열적인 장면의 연기는 다른 연기의 결함을 모두 덮어주었다.

뒤므닐의 정서적 깊이와 직관력은 특히 가정비극에서 돋보였다. 영웅이나 왕족, 귀족이 아닌 보통 사람의 사랑과 좌절을 일상적으로, 하지만 터지는 듯한 격정으로 연기하는 당대 배우는 뒤므닐뿐이었다. 뒤므닐은 더욱 연기를 실감나게 하기 위해 가끔 과도하게 술을 마시고 무대에 서기도 했다. 술을 마시면 몸과 마음이 흥분되고 과감해지는데, 그 느낌 그대로를 무대에 가져가고 싶었기 때문이다. 라이벌이었던 끌레롱은 뒤므닐을 '연기기술'이 없는 '리얼리티'뿐인 배우라고 공격했지만 뒤므닐은 기술보다 자연스러움이 더 한층 높은 것이라며 개의치 않았다. 자연스러움, 파토스(pathos), 역할과의 정서적 동일시가 뒤므닐 연기의 신조였던 것이다. 뒤므닐은 1776년 63세의 나이로 은퇴한 이후 30년 동안 조용히 무대 뒤에서 자신을 찾아오는 배우들에게 사적으로 연기에 대한 충고를 하며 90세의 나이에 눈을 감는다.

전통에 대한 반항아들 – 탈마를 선두로

17세기 프랑스에서는 연극의 형식을 대표하는 웅변조의 대사법, 일상과 유리된 제스처 등에 대한 본격적인 반항이 일어났다. 예술뿐 아니라 정치에 있어서도 반항아였던 탈마가 유형적인 인물 묘사를 떠나 인간성 탐구에 주력한 것이 본격적인 반항의 시작이었다. 더 이상 무대에서 배우가 대사를 어떻게 읊어야 하며, 어떻게 서있어야 한다는 식의 모든 규칙들에서 벗어나고자 한 인간의 자유로운 몸짓이기도 했다.

프랑스의 배우들

반항아 프란세즈 죠셉 탈마

탈마(Francios-Joseph Talma, 1763~1826)는 과거의 전통을 완

전히 파괴하고 낭만주의와 그 후의 사실주의의 토대를 마련한 첫 번째 배우였다. 탈마는 형식에 치우친 연기가 진실에서 멀어지는 것을 주목하고, 배우가 자신의 감정과 능력으로 자유롭게 표현하는 것만이 진실을 되찾을 수 있는 방법이라 믿었다.

치과의술을 공부한 가난한 아버지가 가족들을 데리고 영국으로 이주함에 따라 탈마는 유년시절을 영국에서 보내며 프랑스인들이 주로 거주하는 지역에서 작은 연극공연을 시작했다. 점차 영국 무대 관습과 셰익스피어에 친숙해지면서 탈마는 셰익스피어의 활기찬 낭만주의적 사고에 영향을 받는 반면, 인위적인 영국 연기법에서 자유롭고자 하는 욕망을 키워갔다. 다시 프랑스로 돌아온 그는 집안의 반대에도 불구하고 곧 배우의 길을 걷는다.

1787년 24세의 탈마는 볼테르의 「마호멧 Mahomet」에서 작은 역할로 데뷔를 한다. 작은 역이었지만 탈마는 자신의 신념대로 자연스러운 연기를 하고 뿌듯해했다. 연극에는 작은 역할이 있을 뿐 작은 배우는 없다는 젊은 청년다운 생각에서였다. 이후 볼테르의 「부르터스 Brutus」에서 로마의 호민관 프로클러스를 맡을 때 탈마는 과감하게 로마식의 의상을 입기로 결정했다. 팔이 드러나고 다리가 드러나는 그 의상은 당대에는 아무도 시도하지 않은 의상이었지만 탈마는 개의치 않았다. 시각적 충격으로 관객은 하나 둘 탈마라는 배우를 기억하게 되었다.

드디어 커다란 기회가 왔다. 작품 「찰스 9세 Charles IX」에서 주연배우가 주연 역을 거부했던 것이다. 그 역을 맡게 된 탈마는 역에 대한 진지한 접근을 위해 역사책을 밤새 뒤져가며 연구했다. 움직임, 말하기, 의상 등 모두를 역사적으로 진실되게 보여주고 싶었기 때문이다. 공연은 대성공이었고, 탈마는 기뻐했다. 하지만 너무도 혁신적이라는 이유로 곧 비난이 쏟아졌고, 소동으로 이어지자 공연 자체가 무산되면서 탈마의 짧은 성공은 그대로 사라져야 했다. 후에 탈마의 주장으로 작품은 다시 공연되었지만, 탈마는 그 대가로 극장에서 나와야했다.

고난은 연속으로 찾아왔다. 주류를 이루는 보수적 계열의 배우들이 탈마와 같이 공연하기를 거부했던 것이다. 탈마는 더 이상 기존의 연극 풍토에 의존하지 않기로 결심하고 자신과 의견을 같이하는 소수의 배우와 함께 꼬메디 프랑세즈를 떠나 자신들만의 극단을 세웠다. 파격적인 탈마의 행동은 꼬메디 프랑세즈를 무너뜨리는 신호탄 역할을 한다. 꼬메디 프랑세즈의 위세에 눌려 자유로운 예술을 접어야 했던 수많은 젊은 배우들에게 극단 창립의 꿈을 심어주었기 때문이다. 드디어 1791년 모든 사람들은 자신의 극단을 창설할 수 있다는 칙령이 내려졌고 이로써 꼬메디 프랑세즈의 독주는 무너지고 만다.

탈마의 극장은 꼬메디 프랑세즈와 격렬한 경쟁관계에 놓일 수밖에 없었다. 연기관이 다를 뿐 아니라 꼬메디 프랑세즈는 귀족의 편이었고, 탈마의 극장은 공화국을 지지했기 때문에 여러 가지 미묘한 감정들이 얽혀있었다. 두 극단의 싸움이 그치지 않다가, 정치적 사건으로 꼬메디 프랑세즈의 주 멤버들이 체포된 이후 결국 1799년 두 극단은 통합되었다. 장소는 탈마의 극장에서, 이름은 꼬메디 프랑세즈로.

나폴레옹 시대에 탈마는 특별상을 받으면서 황제의 비호로 거침없이 연극 활동을 전개한다. 전통적인 레퍼토리와 함께 탈마는 셰익스피어를 프랑스 버전으로 바꾸어 공연하려고 시도했다. 하지만 작품을 프랑스어로 바꾸자 셰익스피어의 아름다운 운율과 리듬, 살아있는 인물들의 생생함은 모두 사라지고 말았다. 탈마는 나이가 들면서, 그때까지도 그토록 하고 싶었던 셰익스피어를 하지 못하는 현실이 답답하기만 했다. 하고 싶은 역할을 하지 못한다면 배우는 쓸모없는 것이 아닌가, 한번도 제대로 된 연기를 못해보고 죽는 건 아닌가 하는 마음이 들었다.

말년에 가까울수록 탈마는 혁명가가 아니라 살아서 생동하는 인간을 연기하는 배우가 되기를 갈망했다. 노인이 되고나니 전통적인 연기를 사실적이고 자연스러운 연기로 대체하고자 투쟁했던 젊은 시절, 진정한 연기를 몇 번이나 해보았는지 아쉽기만 했다. 사람들이 붙여준 '연극계의 반항아'란 그럴듯한 별명도, 그저 '연기하고 싶은' 배우 탈마의 아쉬움을 보상해주지는 못했다.

냉철한 이성의 연기 브느와 꽁스땅 꼬끌랭

연극계의 반항아 탈마가 세상을 떠난 이후 배우들은 크게 두 부류로 나뉘었다. 장엄한 몸짓, 웅변하는 듯한 대사읊기를 고수하는 소위 전통파 배우와 보다 자연스럽고 일상과 유리되지 않은 몸짓을 추구하는 젊은 배우들이었다. 젊은 배우들에게 힘을 실어준 것은 당시 사회적 변화였다. 산업혁명, 과학기술의 진보, 도시화, 중산층의 증가와 칼 마르크스, 찰스 다윈에 의한 지적 동요는 전통적인 믿음에 대한 의문을 제기했고, 이 의문이 그대로 예술로까지 이어졌다.

꼬끌랭(Benoit Constant Coquelin, 1841~1909)은 이러한 상황에서 19세기 후반 관객의 주목을 받으며 연극계에 등장한다. 빵집 주인의 아들로 태어난 꼬끌랭은 1859년에 프랑스의 국립예술학교(음악, 미술, 연극)에서 공부하던 중 특히 희극에 관심을 가진다. 꼬끌랭의 재주는 곧 빛을 발했고, 1860년 꼬메디 프랑세즈의 데뷔로 이어졌다. 행운이 겹쳐 이듬해 보마르셰(Beaumarchais)의 피가로 역을 맡아 커다란 성공을 거둠으로써 21세 꼬끌랭은 탄탄한 성공의 길에 선다.

1864년부터 22년 동안 꼬끌랭은 44개의 새로운 작품에서 주연배우로 활약하는 순탄한 길을 걷는다. 1886년 극단과의 마찰로 프랑세즈를 떠났지만, 이미 견고한 위치에 오른 꼬끌랭에게 극단의 탈퇴는 활동무대를 유럽과 미국으로 바꾸는 계기가 되었을 뿐이었다. 꼬글랭은 항상 사라 베르나르를 주연여배우로 캐스팅하면서 순회여행을 같이했기 때문에 비난과 연애 소문이 끊이지 않았다고 한다.

배우로서는 분명 몰리에르의 희극을 전수한 희극배우에 속하는 꼬끌랭은 당시의 어느 배우보다도 정확한 분석과 차가운 이성으로 극적 인물을 창조할 것을 주장했다. 꼬끌랭의 인물 구축 방법은 독특했다. 누구보다도 전통을 거부했지만 아무 근거 없이 배우의 상상력과 천재성만을 내세우는 연기법 역시 거부했기 때문이다. 꼬끌랭은 탈마의 정신은 제쳐두고 탈마를 들먹이며 자유로운 연기라는 구호 아래 배우의 직감만을 내세워 연기하는 배우를 혐오했다.

꼬끌랭은 인물을 창조할 때, 극도의 주의를 기울여 5-6번 정도 먼저 대본을 읽었다. 그 다음 자신이 연기할 인물이 사회적으로 어떤 위치에 있는지를 파악하고, 어떻게 그 인물을 형상화할 것인지를 깊이 고민했다. 인물의 심리적인 부분, 그 인물이 무엇을 생각하는지, 도덕적으로는 어떠한지에 대한 분석이 끝나면 꼬끌랭은 인물의 말하는 법이나 제스처 등 외적 모습을 세심히 연구했다. 그래서 "이러한 인물이다"라는 확신이 오면 그 인물과 가장 비슷한 한 사람을 선택해서 대본을 주어 대사를 읽게 하고 조용히 듣기만 했다. 그 다음 그 사람을 모방하여 연습하는 것으로 인물구축을 완성시켰다.

역할에 있어서 꼬끌랭만큼 치밀하고 정확한 분석으로 접근한 배우는 없었다. 헨리 어빙은 꼬끌랭의 방법을 존중하면서도 꼬끌랭이 배우의 직감과 감정을 무시하는 것에는 동의하기 어려웠다. 배우가 연기할 때 감정이입은 지극히 자연스러운 것이다. 꼬끌랭은 배우가 감동을 주려면 자신은 절대 감동을 해서는 안 되며 자신이 표현하는 감정에 휩쓸리지 말아야 한다고 주장했다. 하지만 어빙에게 이러한 연기론은 배우를 뼈와 살이 있는 인간이 아니라 기계로 만드는 듯 보였다. 배우 자신의 상상력과 영혼을 역할에 불어넣고 인물을 재창조하는 것이 배우의 임무가 아닌가. 꼬끌랭과 어빙의 첨예한 의견대립은 배우의 '감정'이라는 부분을 전면으로 부각시켰고, 당대 수많은 배우들, 비평가들을 논쟁에 참여시켰다. 결국 저널리스트 윌리엄 아처가 어빙의 손을 들어줌으로써 어빙의 승리로 마무리되었지만.

아름다운 여신 사라 베르나르

'여신'이라는 별명을 가진 베르나르(Sarah Bernhardt, 1844~1923)는 프랑스 파리에서 태어났다. 프랑스인 아버지는 거의 교육을 받지 못한 사람이었고 어머니는 '방랑하는 미인'이라는 말이 나올 정도로 여행을 즐기는 네덜란드계 유태인이었다. 베르나르는 15세가 되었을 때 수녀가 되라는 가족의 권유를 물리치고 가족을 떠나 프랑스 예술학교에 들어간다. 어머니의 부재로 외롭게 성장한 베르나르는 외로움이 무엇인지 너무도 잘 알았기에 평생을 수녀로 홀로 늙어가고 싶지 않았다. 차라리 배우가 되어 수많은 관객들의 주목을 받으며 늘 화려하게 살고 싶었다.

예민한 지력과 강렬한 에너지로 베르나르는 곧 빛을 발하며 1861년 비극상을, 1862년에는 희극상을 수상한다. 비록 일등이 아닌 이등이었지만 심사위원들의 관심은 베르나르에게 몰렸고, 이로써 베르나르는 꼬메디 프랑세즈와 계약을 한다.

1862년 18세의 베르나르는 라신느의 「이피게니아」로 데뷔하며 단번에 관객과 비평가를 사로잡았다. 큰 키에 가느다란 몸, 깊고 검은 눈을 지닌 베르나르는 보기만 해도 아름다웠고, 목소리 역시 매력적이었다. 정확한 발음으로 유쾌한 음색을 구사하는 베르나르의 목소리는 인간의 소리가 아니라 신의 세계에서 들리는 소리인 듯했다. 관객들은 '황금의 종소리'라는 말로 베르나르의 목소리를 격찬했다.

황금의 목소리라는 찬사를 받으며 성공한 이후 베르나르는 50여 년 동안 노력을 거듭하며 놀라운 에너지로 연기력을 쌓아가 당대 누구도 따라오지 못할 여배우의 위치를 확고히 지켰다. 베르나르는 당대의 위대한 배우 꼬끌랭과 깊은 친분을 유지하며 꼬끌랭의 상대역과 꼬글랭이 연출하는 작품의 주연으로 활동하면서 모든 여배우들의 선망의 대상이 되었다.

연기훈련의 중요성을 인식한 베르나르와 치밀하게 계산된 연기를 시도하는 꼬끌랭은 여러모로 호흡이 잘 맞는 파트너였다. 다만 꼬끌랭에 비해 베르나르는 자신의 타고난 외모와 목소리 때문에 원하든 원하지 않든 전통연기법에 가까울 수밖에 없었다. 베르나르가 진가를 발휘할 수 있는 역은 페드라와 같은 고전극에서였는데 이것이 베르나르의 한계였다.

중산층의 평범한 부인이나, 뛰어나게 아름답지도 재치 있지도 않은 평범한 사람들의 대사를 할 때는 베르나르의 목소리, 황금의 종소리로 칭송받는 목소리가 오히려 방해가 되었을 뿐이었다. 베르나르는 자신의 한계를 잘 알고 있었고, 그래서 뒤세를 의식하지 않을 수 없었다.

이태리의 뒤세는 여러 해 동안 베르나르보다는 한 수 아래의 여배우로 취급을 받은 배우였다. 베르나르처럼 장중하거나 우아하지도 않았고, 목소리 역시 에너지가 있을 뿐 특이하게 아름답지도 우아하지도 않았다. 하지만 뒤세에게는 무언가가 있었다. 평범하면서도 평범하지 않은, 무언가를 화려하게 소리 높여 외치지는 않지만 조용히 전달하는 듯한 그것은 조용한 연기였고 조용한 진실이었다. 베르나르의 우려대로 관객은 점점 뒤세에게 끌리고 말았다.

영국의 도전자 에드먼드 킨

1814년 드루리 레인 극장에서 셰익스피어 작품의 샤일록으로 데뷔하여 짧은 성공을 거둔 후 방탕한 생활과 건강의 악화로 급속히 내리막길을 걸었던 에드먼드 킨(Edmund Kean, 1787~1833)은 베터통, 개릭, 사라 시돈즈와 함께 20세기 중반 영국의 천재 배우 중 하나로 기록되어 있다.

킨의 되풀이되는 비극적 삶은 부모님이 누구인지 모르고 태어난 유년시절로부터 시작된다. 보통의 아이들과 달리 지독한 외로움과 박탈감으로 어린시절을 보내며 킨은 유랑극단의 심부름꾼으로 자랐다. 항상 어른 배우들의 잔심부름과 무대 청소, 허드렛일로 쉴 틈이 없었던 킨은 훌륭한 배우가 되고자 하는 소망으로 하루하루를 견디었다.

킨은 이것저것 닥치는 대로 역할을 맡으며 극단에서 살아갔다. 비극 역할도 맡고, 희극 역할도 맡고, 시를 읊는 것이 유행일 때는 시도 읊고, 관객들이 볼거리를 좋아할 때는 무대 위에서 줄도 타고 재주도 넘었다. 극단은 매우 가난했다. 여관보다는 헛간을 얻어 밤을 보내기가 일쑤였고, 이틀을 내리 굶는 것도 흔한 일이었다. 영국 전역을 돌아다니며 유랑극단의 무명배우로 끔찍한 가난만 겪던 킨은 어느 날 결심한다. 이대로 주저앉을 수는 없다. 비록 작은 키, 갈라지는 목소리지만 이것 역시 하나님이 주신 것이라면 힘을 다해 훈련해보자. 나에게도 적합한 역이 있을 것이다. 존 필립 켐블 같은 배우가 우아함과 장엄함으로 연극계를 장악하고는 있지만 작품에 모두 왕이나 왕자만 나오는 것은 아니지 않은가. 더구나 관객들은 특이한 용모의 배우가 나오면 즐거워하지 않는가. 킨은 고된 하루에도 불구하고 자신의 개성을 살려 독특한 인물을 구축하기 위해 시간을 내어 인간의 다양한 감정을 표현할 수 있는 기술들을 발전시켜나갔다.

마침내 기회가 왔다. 1814년 킨은 드루리 레인에서 샤일록을 연기하도록 섭외를 받은 것이다. 킨은 마음을 다잡고 지금까지 혼자 훈련한 것들을 되새겼다. 거울을 보며 왼쪽 눈을 찡그리고 입을 비틀어보았다. 이말 저말 무작정 지껄여도 보았다. 대부분의 배우들은 고상함에 얽매여 어떤 상황에서도 우아하게 연기하지만 그 속에 진실한 인간은 없었다. 진실한 인간을 보여주리라 마음먹었다. 영국 전역을 여행하며 보아온 살아있는 사람들, 아이를 잃고 미쳐갔던 여인, 빚을 받기 위해 잔인하게 주먹을 날린 후 웃음을 흘리며 침까지 뱉었던 사채업자, 그 살아있는 사람들의 에너지를 보여줄 것이다.

킨의 공연은 성공이었다. 대사를 지껄이듯이, 침울하게, 난폭하게 어떤 규칙에도 구애받지 않고 자신이 해석한대로 무대에서 맘껏 표현했다. 동료 배우들조차 킨의 광란적인 연기에 정신을 잃을 정도였다. 관객들은 처음 보는 거칠고 난폭한 연기력에 한없이 빠져들었다. 킨의 신선한 인물해석, 거친 에너지와 격렬한 정서는 당시의 스타 존 필립 켐블과는 대조적이었다. 새로운 스타가 새로운 연기방식으로 관객과 만난 것이다. 관객들은 자유인의 기질을 가진 킨을 칭송했다.

킨의 꽃이 피는 듯한 완전함에서 나오는 연기, 감정의 진실함과 격렬함, 에너지, 긴장과 열정은 위엄 있고 고상한 연기로 유명한 켐블에 비해 결코 뒤지지 않았다. 킨은 당시의 연기관습에 정면으로 도전한 것이다.

나는 보통 사람일 뿐—또 다른 반항

19세기에 배우들은 고전주의적 규칙들에 적극적으로 항거하며 배우 자신의 개성과 감정을 유감없이 분출해 나갔다. 이들 배우군으로는 영국의 에드먼드 킨, 프랑스의 스타 조세프 탈마, 사라 베르나르 등이 있었다. 하지만 동시대의 일부 배우들은 고전주의적 규칙에 항거한다는 점에서 동일선상에 있었지만 보다 현대극의 개념에 가까운 연기 방식을 추구해나갔다. 그것은 배우 자신의 개성적 표현과 감정의 여과없는 분출보다는 일상생활에 바탕을 둔 무대 움직임, 목소리 표현, 인물의 성격묘사에 중점을 두는 연기 방식이었다. 이 두 군단의 배우들은 서로의 친구로, 또는 적으로 자신들의 연기법을 관객에게 선보이며 '반항의 시대'에 함께 합류한다.

학구적인 배우, 영국의 윌리엄 찰스 매크레디

윌리엄 찰스 매크레디(William Charles Macready, 1793~1873)는 배우이자 매니저의 아들로 태어나 어린시절부터 연극과 같이 성장했다. 하지만 어린시절 법조인을 꿈꾸었기 때문에 무대에서의 인생은 비교적 뒤늦게 열렸다. 매크레디가 데뷔한 것은 1810년 로미오를 연기하면서였다. 버밍햄에서 첫 공연이 환상적인 성공을 가져다주자 이 학구적인 배우는 연기에 대한 열정을 품는다.

매크레디는 영국, 스코틀랜드, 아일랜드에서 1810년에서 1816년까지 수많은 역을 연기하면서 위대한 배우 사라 시돈스와 호흡을 같이했다. 에드먼드 킨이 무대에서 사라졌을 때 영국 무대의 독보적인 비극배우가 되었다. 매크레디는 어린시절 법학을 공부할 때처럼 작품에 공부하는 자세로 임했다. 면밀하게 작품을 읽고 주의를 기울여 한 장면씩 연구했다. 그 장면에서 배우가 어떤 의상을 입을지, 어디에 어떤 장치가 놓일지도 같이 생각하면서 리허설 시간을 많이 가졌다. 1837년에서 1843년에 걸쳐 매크레디는 코벤트 가든과 드루리 레인에서 자신의 연기관을 관철시키려고 노력했다. 배우들이 리허설 과정에서 역을 사실적으로 연구하도록 격려했고 연극요소들은 극의 주제에 맞게 하나로 통합되도록 열성을 기울였다. 매크레디는 미국과 프랑스까지 자신의 연기법을 확장시켜나갔다.

매크레디는 분명 불타는 정열에서는 킨을, 위엄스러운 연기에는 켐블을 따라가지 못했다. 천성적으로 그가 자신에게 적합한 연기력을 갖추지 못한 이유도 있었지만, 매크레디는 개성에 의존하기보다는 역할 하나하나를 연구하고 수많은 리허설을 거치며 다시 수정하는 학구적인 배우였다. 이러한 매크레디의 연기는 19세기 중반에 일어난 사실주의 무대의 출발점이 되었다. 매크레디는 전통에 항거하면서, 동시대 배우들이 배우의 개성과 천재적 기질을 마음껏 분출하는 시기에 홀로 사실주의적 연기의 길을 터나간 것이다.

침착하고 지적인 연기, 미국의 에드윈 부스

1857년 에드윈 부스(Edwin Booth, 1833~1893)의 침착하고도 지적인 연기는 뉴욕을 사로잡았다. 부스는 당시 미국을 장악하던 소리지르기 식의 연기에 새로운 인물구축과 새로운 스타일의 연기로 도전하였다. 부스는 미국의 햄릿이라는 별명이 붙을 정도로 「햄릿」에서 전례없는 연기를 보여주었다. 어둡고, 슬프고, 시적이면서 우울한 햄릿의 역을 보여준 부스는 이후 항상 햄릿과 함께 떠오르는 배우가 되었다.

에드윈 부스는 유명한 배우 주니어스 브르터스 부스의 아들로 태어났다. 부스의 아버지는 에드먼드 킨과 경쟁하였지만 늘 한 수 아래로 평가되었고, 다혈질적인 성격과 폭음에 빠져

아들을 배우로 지도하는데 크게 기여한 바는 없었다.

부스는 극단의 일원으로 아버지의 순회공연을 따라나서면서, 연기보다는 아버지가 과도하게 음주하지 못하도록 하는 일을 맡았다고 한다. 열악한 환경에 지친 아버지가 술을 마시고 난동을 부리면 부스는 노래와 바이올린을 켜며 아버지를 위로했다. 부스의 아버지는 아들의 재능을 알고 있었지만 부스가 자신처럼 배우의 길을 가는 것을 원하지 않았다. 너무도 힘든 길임을 잘 알고 있기 때문이었다.

하지만 어느 날 부스는 병든 아버지를 대신하여 리처드 3세를 연기함으로써 매니저들의 눈에 들었고 1857년 뉴욕에서 데뷔하며 모든 사람의 관심을 끄는 젊은 연기자가 되었다. 작고 마른 체구였지만 침착하게 상대를 바라보는 눈빛, 약한 듯하면서 깊이 있는 눈동자, 풍부하고 아름다운 목소리의 청년은 특히 「햄릿」 공연에서 보는 사람을 마냥 빠져들게 했다. 소리지르는 햄릿이 아니라 우아하면서 자유로운 햄릿, 한 인간으로서 햄릿의 고뇌가 묻어나는 부스의 연기는 주목을 받기에 충분했다. 1864년에 뉴욕에서 100회 연속 「햄릿」 공연을 한 부스의 기록은 미국의 가장 훌륭한 배우라는 그의 명성을 뒷받침한다.

부스는 자신의 연기는 "보다 더 조용한 것, 내적인 것"이라고 밝힌다. 장엄함과 우아함을 강조하며 또는 배우의 천재성을 강조하며 소리지르는 대사법이나 강한 신체를 과시하는 식의 연기를 부스는 환멸스러워했다. 항상 일부러 무언가를 고양시키는 것, 이미 정해진 스타일대로 배우가 자신을 치장하는 것은 부스에게 너무도 의미 없는 연기였다. 부스는 전통의 노예가 되기를 거부하면서 자연스럽고 새로운 연기로 극대의 신선함을 가져다주었다. 비록 부스의 친형이 아브라함 링컨을 살해하는 지울 수 없는 상처를 주었지만, 미국의 관객들은 미국 연기자로서 세계적인 배우가 되었던 부스를 변함없이 사랑했다.

이태리의 엘레아노라 뒤세

엘레아노라 뒤세(Eleonora Duse, 1858~1924)는 2대째 배우인 집안의 딸로 태어났다. 뒤세는 문자 그대로 극장에서, 배우들에 둘러싸여 어린시절을 보냈고 여러 배우들의 연기를 보며 자랐다. 이러한 어린시절의 경험으로 뒤세는 훗날 단지 고전적인 연기만을 모방하는 것이 아니라 정서에 보다 깊이 침투하는 연기에 관심을 갖게 되었다.

7살 때부터 뒤세는 빈약한 가족극단의 프롬프터(대사를 읽어주는 사람)의 역할을 했다. 12세가 되서는 간단한 극에도 출현했으며 때로는 자기보다 더 나이가 많은 극중 인물들도 소화해냈다. 수습배우 딱지를 뗀 것은 1879년 뒤세가 20세가 되었을 때였다. 주연 여배우가 갑작스런 사정으로 연기를 못하게 되자 뒤세에게 기회가 왔다. 공연장은 기라성 같은 배우들이 거쳐갔던 플로렌띤(Florentine Theatre) 극장이었다. 뿐만 아니라 인기배우 로시(Rossi)가 뒤세의 연기를 보고 즉석에서 그녀를 섭외하는 행운이 찾아온다. 이제 뒤세는 이태리의 일류 여배우군에 들어선 것이다.

1893년 뒤세는 뉴욕을 여행하며 거듭되는 성공을 거두었다. 관객을 사로잡고도 남는 연기력을 마음껏 발산한 후 드디어 예술의 중심지인 프랑스 파리로 들어왔을 때 파리에는 '황금의 종소리' 베르나르가 있었다. 프랑스에 같이 있었던 뒤세와 베르나르는 관객의 관심과 비평가의 관심을 한몸에 받았다. 1897년 여름 파리에서 뒤세에게 잊지 못할 사건이 일어난다. 진정한 의도가 무엇이었는지는 모르지만 베르나르가 자신의 극장에서 뒤세에게 베르나르 자신이 그토록 잘 연기했던 까밀레(Camille)를 연기하도록 권유했기 때문이다. 이 당시 파리의 관객들은 뒤세와 베르나르의 연기대결을 보기 위해 온통 흥분으로 가득 찼다.

첫 공연은 실패했지만 이후 공연은 뒤세의 확실한 승리였다. 마른 체구에 매력적인 뒤세는 분장을 하지 않고 그대로 무대에 섰다. 관객은 다소 당황스러웠지만 곧 뒤세의 풍부한 얼굴 표정과 눈, 제스처를 통해 전달되는 등장인물의 내적 정서에 빠져들었다. 겉으로 드러나는 화려함은 없었지만 진실성과 내면의 정열이 투사되는, 자연스러운 표현이었다. 이러한 뒤세의 스타일은 파리의 관객을 완전히 매혹시켰을 뿐 아니라 사실주의를 지향하는 조지 버나드 쇼 같은 비평가들로부터 대단한 호평을 받아 베르나르의 명성을 앞서고 말았다.

어떤 이름도 붙이지 마세요 – 현대

제1차세계대전이 일어난 그 이듬해부터 제2차세계대전이 끝날 때(1915~1945)까지 서구는 극도로 불안한 상태였다. 사람들은 집단적으로, 개별적으로 정신적 격동을 겪었을 뿐 아니라 극심한 경기침체로 삶의 기반까지 무너져갔다. 연극 역시 사람들의 정신적 불안감을 그대로 투영하면서, 연극 개혁가들은 그때까지 가장 인기 있었던 사실주의 연극형식을 반대하고 나섰다. 예술 개혁가들에게 사실주의 연극형식은 그들이 겪었던 영혼의 고통을 담아내기에는 너무도 단순하고 비좁았던 것이다. 같은 시각으로 삶과 영혼을 고민하는 예술가들은 서로 모이기 시작했다. 하지만 거기엔 더 이상 배우라는 개념은 없었다. 작품을 총지휘하는 연출가가 있었고, 그 연출가의 의도에 따라 움직이는 행위자들만이 있었다. 더 이상 자신이 맡은 인물의 내적정서가 어떠한지는 아무 의미가 없었다. 행위자들이 보여주어야 할 것은 에너지, 이미지, 메시지였기 때문이다.

다른 세상을 꿈꾸었던 시인, 앙또냉 아르또

프랑스 마르세이유(Marseille)에서 태어난 아르또(Antinin Artaud, 1896~1948)는 현대 연극에 지대한 영향을 준 시인이자, 연출가, 배우였다. 고통과 괴로움으로 가득 찬 말년을 정신병원에서 보낼 때 아르또는 자신의 꿈은 실패로 돌아갔다고 생각했다. 하지만 이후의 연극을 면밀히 살펴보면 그의 꿈은 실패로 끝나지 않았을 뿐 아니라 아르또의 이론들이 현대 연극에 가장 지대한 영향을 주었음을 알 수 있다.

"나는 정신의 아픔을 많이 겪은 사람이다. 그러므로 나는 아픔에 대해 말할 권리가 있다"는 아르또의 말에서 알 수 있듯이 아르또는 세상과 인간의 아픔에 누구보다도 깊이 공명했다. 아르또의 눈에는 모든 인간이 병에 찌들려 죽어가고 있는 것처럼 보였다. 인간에게 중요한 여러 측면들은 의식이 아닌 무의식에 함몰되어 있는데, 서구의 합리주의는 인간의 의식만을 강조하여 인간을 삶의 본질에서 멀어지게 하기 때문이다. 인간에 대한 끝없는 애정 때문이었을까. 아르또는 연극을 통해 인간을 치유하기로 마음먹는다.

하지만 당시의 연극 형식으로는 절대로 인간을 치유하지 못할 것 같았다. 당시에 만연해있던 연극론은 인간의 이성에 호소하는 것을 기본전제로 했다. 아르또는 이제 인간의 이성에 호소하는 것은 더 이상 의미가 없다고 믿었다. 서구는 이성이라는 이름으로 인간이 반드시 지켜야 할 기본적인 충동들, 본능에서 출발한 아름다운 열정들을 얼마나 파괴하여 왔는가. 아르또는 무한한 무의식의 세계를 건드리는 것만이 인간을 구원할 수 있다고 믿었다. 이 세계에 도달하기 위해서는 인간의 감수성에 직접 작용하는 어떤 새로운 언어가 절실히 필요했다. 아르또는 답을 얻는다. 그것은 인간의 무의식을 건드리는 언어로 관객들의 이성이 아니라 육체에, 감각에 직접 호소하는 '절규', '비명', '소리지르기', '격렬한 동작' 등의 새로운 언어였다.

아르또의 배우들은 기존의 연극에서처럼 대사의 의미를 연구하거나 극중 인물의 심리를 표현하고자 고민하지 않았다. 새롭게 탄생한 연극을 위해서는 새로운 훈련이 필요했다. 호흡훈련이 먼저였다. 복식호흡을 하며 불균형한 호흡이 균형을 이루도록 했고, 자신들의 관념적 사고를 없애는데 주력했다. 분리된 정신을 통일하기 위해 기합훈련과 동양의 전통무술도 훈련했다. 자아의 정신을 통일하고 상대를 경악하게 하는 방법도 차용했다. 배우의 심적 갈등이 사라져야 관객을 경악하게 하는 효과를 줄 수 있다고 믿었기 때문이다. 소리훈련은 더욱 새로운 것이었다. 일상 언어가 아니라 비명을 지르고, 큰 소리로 울부짖고, 금방이라도 숨이 막힐 듯한 소음들을 훈련하고, 언제 끝날지도 모르는 침묵훈련도 병행했다. 몸훈련에서도 우아하게 서거나 자연스럽게 걷는 기존의 방식은 불필요했다. 무아상태에서 최대한 논리와 이성을 배제한 채 몸이 움직이는 대로 움직이는 것이 기초였다. 이것을 기반으로 신체언어를 만들고 이것을 무대화하는 것이 전부였다.

배우들은 지속적으로 신체언어를 탐구하며 이성과 감성, 정신과 육체라는 이분법적 구조를 파기했다. 이렇게 이성을 배제하면서 인간의 감성, 감각에 호소하는 연극을 모색한 아르또의 작품은 항상 어떤 긴장감과 뜨거움으로 점철되어 있었다.

자본주의의 부적응아, 미국의 줄리앙 벡과 주디스 말리나

20년 넘게 줄리앙 벡(Julian Beck, 1925~1985)과 그의 아내 주디스 말리나(Judith Malina, 1926~)는 삶과 예술과 정치를 하나로 통합해줄 연극을 추구하며 열정을 나누었다. 벡과 말리나는 연극학교에서 잠깐 연극공부를 하기도 했지만 자신들은 결코 기존의 연극형식의 일부가 될 수 없음을 깨닫고, '자신들만의 꿈'을 펼치기 위해 1947년 뉴욕에서 극단 리빙 씨어터(Living Theatre)를 창설한다.

벡과 말리나의 작품은 주로 브레히트, 거투르드 스타인, 피란델로, 라신느 등의 시적이고 전위적인 것들이었다. 벡은 기존 연극의 형식을 깨뜨리고 시적인 대사, 시적인 무대를 구현하는 데 온힘을 쏟았다. 또한 관객에 대해서도 다른 각도로 접근해보았다. 관객은 누구인가? 우리에게 입장료를 주는 사람에 불과한가? 우리는 누구인가? 돈을 위해 관객 앞에서 한바탕 재주를 선보이는 사람들인가? 벡은 이 해답을 관객과 공연자 사이에 거리감을 깨뜨리는 것으로 찾았다. 관객은 더 이상 앉아서 구경하며 돈을 지불하는 사람이 아니라 자신과 하나가 되어 자신들의 외침을 같이 공유하고 불합리한 세계를 향해 함께 항거할 또 하나의 동지들이었다.

벡은 자신의 연극관이 확립되자 실행에 옮겼다. 먼저 배우들이 화술언어가 아닌 소리, 신음, 투덜거림, 비명 등으로 관객의 반응을 유도하도록 했다. 작품 「안티고네」에서는 배우들이 관객을 쏘아봄으로써 관객을 위축시키기도 했는데 이 모든 것은 관객의 즉각적인 반응을 유도하고자 한 하나의 연기였다. 한층 더 나가 배우들은 관객들을 혼란시켜 분노까지 유발했고, 기괴한 의상과 분장으로 어디에도 구애받지 않는 심리적, 성적 에너지를 관객 면전에 대고 쏟아내었다.

어떤 한 배우의 연기가 뛰어나다, 어느 배우의 기량이 우수하다는 등의 평가는 존재할 수 없었다. 벡의 연극에서 배우들은 개별적으로 존재하는 것이 아니라, 번뜩이는 조명과 함께 하나의 느낌, 하나의 덩어리였을 뿐이었다. 토하고 기침하고 비명 지르고 온몸으로 뒹굴고 객석 통로 쪽으로 떨어지고 헐떡이는 배우들의 몸짓은 인간의 몸뚱이 그대로의 절규, 생생함, 처절함이었고 관객들은 당황할 수밖에 없었다. 하지만 당황함은 곧 흥분으로 이어졌다. 이들의 공연이 끝나면 관객들은 종종 이해할 수 없는 어떤 힘에 이끌려 무대 위로 뛰어올라 배우와 같이 뒹굴고 원형을 만들고 팔짱을 끼면서 어떤 종교적 의식을 체험했다. 특히 당시 자본주의 경제체제에 적응하지 못하며 뒷골목을 헤매야 했던 젊은이들은 리빙 씨어터의 공연에서 초월세계를 꿈꾸며 열광적인 호응을 보냈다.

이러한 방식의 공연을 거듭하다 보니 문제가 발생할 수밖에 없었다. 특히 대사처리에서 문제는 심각했다. 리빙 씨어터의 배우들은 대사가 들려야 한다는 기본적인 소양마저도 갖추지 못했다. 무대에서 뒹굴고 소리지르는 것이 주된 연기라면 특별한 연기력을 갖추지 않아도 벡의 무대에 서는 것이 가능했기 때문이다. 하지만 아무런 기본훈련도 갖추지 못한 배우의 연기는 그 괴기함이 주는 신선함에도 불구하고 초보적이며 단순할 수밖에 없었다. 또한 아기까지 포함해서 45명이 공동생활을 하는 와중에 작품에 전념하며 치열하게 고민하는 시간은 절대적으로 부족했고, 결국 공연의 질을 떨어뜨리기에 이르렀다.

그렇다면 리빙 씨어터의 의미는 무엇일까? 한 비평가는 이렇게 말한다. "리빙 씨어터가 문화적 억압에 대항하는 비폭력적 도전으로서의 실험을 시도한 점, 그들이 현대의 관객과 관련을 맺는 살아있는 연극의 독특한 가능성을 실험하였다는 점, 이것만으로도 리빙 씨어터는 의미를 갖는다."

순례자, 폴란드의 그로토우스키

1960년 리빙 씨어터가 뉴욕에서 작업하는 동안 폴란드 한 시골마을에서 26살의 연출자와 여덟 명의 배우들이 한자리에 모여 극단을 결성하기로 결심한다. 이 젊은이들은 스타니슬라브스키로부터 스트라스버그에 이르는 동안 수많은 연출자들이 배우를 지도했던 방식을 파괴하고 있었다. '실험극단'이라는 이름으로 미약한 출발을 한 이 젊은이들은 이후 어떤 실험극단보다도 훌륭한 성과를 거둔다.

기본적으로 공동체 생활을 하는 이 집단에는 뛰어난 지도자가 있었다. 무대에서의 모든 동작은 외형적인 모든 수식들을 벗겨버린 '가난한 연극(Poor theatre)'이어야 한다고 주장한 그로토우스키(Jerzy Grotowski, 1933~1999)였다.

그로토우스키에게 연극은 '인간의 본성을 회복하는 수단이며, 정신분열을 일으키는 정신과 육체의 불화'를 치유하여 배우와 관객을 변화시키는 수단이었다. 이 때문에 그로토우스키는 인간의 숨겨진 내면을 드러내는 것을 중요하게 여겨 배우에게 인간 내면에서 일어나는 것들의 분출을 방해하는 일체를 제거하도록 요구했다. 내면의 분출을 방해하는 것은 무엇일까? 그로토우스키에게 그 장애물은 길들여진 인간의 육체였다. 우리의 육체는 의식하지 못하는 사이에 사회가 요구하는 대로 길들여져 있다. 공공장소에서는 어떻게 몸가짐을 해야 하고, 교양 있게 보여야 할 자리에서는 어떻게 몸가짐을 할지가 우리도 모르는 사이에 몸에 각인되어 있는 것이다.

길들여진 육체를 제거하는 것에 주안점을 두면서 그로토우스키는 배우들에게 일종의 부정법(negative)이라는 소거법을 제시했다. 없애고, 없애고, 또 없애기. 그로토우스키의 배우들은 자신들의 깊은 곳에서 무의식적으로 일어나는 충동들을 그대로 발휘하기 위해 먼저 지독한 육체훈련을 해야 했다. 기존 연극에서 배우가 필수적으로 거쳐야했던 춤훈련이나 균형잡기, 우아하게 서기, 돌기 등의 훈련과는 전혀 다른 것이었다. 육체가 불타서 사라지고 영혼이 살을 통해 빛나야 한다는 그로토우스키의 주장으로 인해 배우들은 고행에 가까운 가혹한 훈련을 견뎌야 했다. 육체적 힘이 완전히 소진되어야 심리적 저항도 사라진다고 하는 그로토우스키의 말 그대로 육체가 완전히 소멸될 때까지 각종 훈련을 반복했다.

하지만 그로토우스키는 이 작업 형식에 만족할 수 없었다. 아무리 배우들이 자신을 그대로 드러내는 훈련을 거듭한 후 관객과 만난다고 해도 공연이라는 형식이 있는 한 배우와 관객의 온전한 교감은 불가능하게 보였기 때문이다. 그로토우스키는 유사연극(Para theatre)을 구상하며 기존 연극에서 보다 탈피한 형식을 찾는다. 관객과 배우 모두가 극장을 떠나 숲이나 시골로 들어가는 것이었다. 일종의 문화적 가면을 제거하기 위해서였다. 처음에는 발상의 신선함으로 참여자 모두가 문화의 가면을 벗는 듯 보였지만 문제가 발생했다. 원초적인 행위를 한답시고 참여자들이 괜히 야만인이 된 것처럼 황홀경을 흉내내었기 때문이다. 그로토우스키는 여기에서 다른 무엇이 필요함을 절감했다. 무작정 문화의 일탈을 경험하게 하는 것이 아니라 세상을 보는데 특정하게 길들여진 참여자들의 방식을 해체하는 것이었다. 우선은 일상적으로 습관화된 행동을 중단하게 하는 것이 그 첫걸음이었다. 그리고 노래, 춤, 어떤 무술과 같은 동작을 첨가했다. 특히 노래를 배울 때는 노래를 할 때 발생하는 어떤 진동이 신체, 마음, 머리에 영향을 주어 인간의 가장 본질적인 감정이나 의식과 접속하도록 유도했다.

그로토우스키의 배우들은 그로토우스키의 연극관이 변함에 따라 그에 맞는 새로운 훈련들을 했다. 어떤 역할을 연기한다는 개념은 이미 버렸고, 그저 연기를 '자신의 존재를 밝히는 한줄기 빛'으로 사용할 뿐이었다. 이 때문에 그로토우스키의 배우들은 '성스러운 배우'로 기억된다. 공개적으로 자신에게 도전하여 일상적인 가면을 벗어던져 자신을 드러내고 관객과 완전한 교감을 형성하고자 했기 때문이다.

우리는 자기의 참모습을 자기 자신과 타인에게 숨기는 데 너무도 익숙해져있다. 숨기려는 기간이 너무 길었기 때문에 우리는 자신의 참모습을 기억조차 하지 못한다. 순례자와 같았던 그로토우스키가 세상을 떠난 지금, 그의 배우들도 흩어졌다. 하지만 자신의 육체를 전멸시키고 불태워서 모든 것에 대해 자유롭고자 완전한 자아노출을 시도한 그들은 분명 성스러운 순례자로 기억될 것이다.

무대 위의 화가, 로버트 윌슨

1960년대 중반에 서구 연극이 삶과 예술과의 벽을 허무는 연극, 공연자와 관객 모두가 자신의 사고와 감정을 관찰하고 그것을 같이 나누는 연극을 모색하면서 점차 연극은 기존 연극에서 중시되었던 말(word)보다는 빛과 움직임, 무대 공간 등 형식적인 측면들이 중요 요소로 부각되었다. 한층 더 나가 마치 회화에서와 같은 단순한 이미지를 창조하는 시각예술로서의 연극으로 전환되기도 하였는데 로버트 윌슨(Robert Wilson, 1941~)은 이러한 연출가군 중의 한 사람이다.

윌슨은 17세까지 언어장애를 겪다가 신체이완 훈련을 받으면서 장애를 극복한 경험이 있다. 이러한 경험을 토대로 윌슨은 정신과 육체의 관계에 초점을 맞추면서 인간의 내면세계와 외면세계의 소통 가능성을 추구한다. 윌슨은 사람들이 일반적으로 '언어'를 통해 소통을 하지만 상상과 직관의 세계를 자극하기 위해서는 비언어적인 소통체계가 더욱 적합하다고 믿었다. 이 때문에 윌슨의 배우들은 더 이상 극적이거나 서술적이거나 하는 전통적 연기가 아니라 살아있는 신체로 이미지를 만드는 배우가 되어야 했다.

배우들은 기본적으로 아주 느린 동작을 훈련했다. 윌슨은 배우가 입술로 컵을 들어 올리는 동작 하나를 하는데 한 시간 반이 걸려야 한다고 요구했으므로 배우들은 움직이는지 움직이지 않는지를 알 수 없을 정도로 느리게 움직이는 훈련을 거듭했다. 윌슨의 배우들은 인물로서 살아 있다기보다는 작품에서 하나의 시각적 도구와 같았다. 배우들이 무대를 가로지르거나 걷거나 서있거나 앉아있는 것이 그대로 연기였다. 이러한 단순한 동작들은 느린 동작과 빠른 동작 등의 대조를 통해 반복에 의한 여러 이미지를 펼쳐갔다.

배우들은 움직이면서도 '왜 이렇게 움직여야 하는가?', '움직이게 하는 동기가 무엇인가?' 등을 고민하지 않았다. 그렇게 움직여야 이미지가 전달되고 아름답기 때문이라는 윌슨의 대답만으로도 충분했기 때문이다.

참고문헌

A. M. Nagler, *A Source Book in Theatrical History,* Dover Publications, New York, 1952.

Douglas A. Russell, *Period style for the theatre*, Allyn and Bacon, Boston London Sydney Toronto. 1980.

Dukore Bernard, *Dramatic Theory and Criticism: Greeks to Grotowsky*, New York, 1974.

Edwin Wilson, Alvin Goldfarb, 김동욱 옮김, 『세계연극사』, 한신문화사, 2000.

Jack Watson & Grant Mckernie, *A cultural History of Theatre*, Longman Publishing Group. 1993.

John Harrop, Sabin R. Epstein, *Acting with Style,* Prentice-Hall, Englewood Cliffs, 1982.

John Russell Brown, *The Oxford Illustrated History of Theatre*, Oxford Wniversity Press, 1995.

Karl Mantzius, *A History of Theatrical art*, New York Peter Smith, 1937.

Marvin Carson, *Theories of the theatre: A Historical and Critical Survey, From the Greeks to the Present*, Itaca, 1984.

Oscar G. Brocket, *History of the theatre*, seventh Edition, Allyn And Bacon, 1995.

Pierre Louis Duchartre, *The Italian Comedy*, Dover Publication, 1966.

Toby Cole and Helen Krich Chinoy, *Actors on acting,* Three Rivers Press, New York, 1970.

밀리 S. 배린저 지음, 우수진 옮김, 『서양 연극사 이야기』, 평민사, 2001.

밀리 S. 배린저 지음, 이재명 옮김, 『연극이해의 길』, 평민사, 2002.

서양 배우의 역사 그리스에서 현대까지

펴낸날 초판 1쇄 2005년 3월 10일
초판 3쇄 2019년 8월 7일

지은이 김정수
펴낸이 심만수
펴낸곳 (주)살림출판사
출판등록 1989년 11월 1일 제9-210호

주소 경기도 파주시 광인사길 30
전화 031-955-1350 팩스 031-624-1356
홈페이지 http://www.sallimbooks.com
전화 book@sallimbooks.com

ISBN 978-89-522-0343-4 04080
978-89-522-0096-9 04080 (세트)

※ 값은 뒤표지에 있습니다.
※ 잘못 만들어진 책은 구입하신 서점에서 바꾸어 드립니다.

054 재즈

eBook

최규용(재즈평론가)

즉흥연주의 대명사, 재즈의 종류와 그 변천사를 한눈에 알 수 있도록 소개한 책. 재즈만이 가지고 있는 매력과 음악을 소개한다. 특히 초기부터 현재까지 재즈의 사조에 따라 변화한 즉흥연주를 중심으로 풍부한 비유를 동원하여 서술했기 때문에 재즈의 역사와 다양한 사조의 특징을 쉽게 이해할 수 있다.

255 비틀스

eBook

고영탁(대중음악평론가)

음악 하나로 세상을 정복한 불세출의 록 밴드. 20세기에 가장 큰 충격과 영향을 준 스타 중의 스타! 비틀스는 사람들에게 꿈을 주었고, 많은 젊은이들의 인생을 바꾸었다. 그래서인지 해체한 지 40년이 넘은 지금도 그들은 지구촌 음악팬들의 많은 사랑을 받고 있다. 비틀스의 성장과 발전 모습은 어떠했나? 또 그러한 변동과정은 비틀스 자신들에게 어떤 의미였나?

422 롤링 스톤즈

eBook

김기범(영상 및 정보 기술원)

전설의 록 밴드 '롤링 스톤즈'. 그들의 몸짓 하나하나는 우리가 생각하는 것보다 훨씬 더 탁월한 수준의 음악적 깊이, 전통과 핵심에 충실하려고 애쓴 몸부림의 흔적들이 존재한다. 저자는'롤링 스톤즈'가 50년 동안 추구해 온 '진짜'의 실체에 다가가기 위해 애쓴다. 결성 50주년을 맞은 지금도 구르기(rolling)를 계속하게 하는 힘. 이 책은 그 '힘'에 관한 이야기다.

127 안토니 가우디 아름다움을 건축한 수도사

eBook

손세관(중앙대 건축공학과 교수)

스페인의 세계적인 건축가 가우디의 삶과 건축세계를 소개하는 책. 어느 양식에도 속할 수 없는 독특한 건축세계를 구축하고 자연과 너무나 닮아 있는 건축가 가우디. 이 책은 우리에게 건축물의 설계가 아닌, 아름다움 자체를 건축한 한 명의 수도자를 만나게 해준다.

131 안도 다다오 건축의 누드작가

eBook

임재진(홍익대 건축공학과 교수)

일본이 낳은 불세출의 건축가 안도 다다오! 프로복서와 고졸학력, 독학으로 최고의 건축가 반열에 오른 그의 삶과 건축, 건축철학에 대해 다뤘다. 미를 창조하는 시인, 인간을 감동시키는 휴머니즘, 동양사상과 서양사상의 가치를 조화롭게 빚어낼 줄 아는 건축가 등 그를 따라다니는 수식어의 연원을 밝혀 본다.

207 한옥

eBook

박명덕(동양공전 건축학과 교수)

한옥의 효율성과 과학성을 면밀히 연구하고 있는 책. 한옥은 주위의 경관요소를 거르지 않는 곳에 짓되 그곳에서 나오는 재료를 사용하여 그곳의 지세에 맞도록 지었다. 저자는 한옥에서 대들보나 서까래를 쓸 때에도 인공을 가하지 않는 재료를 사용하여 언뜻 보기에는 완결미가 부족한 듯하지만 실제는 그 이상의 치밀함이 들어 있다고 말한다.

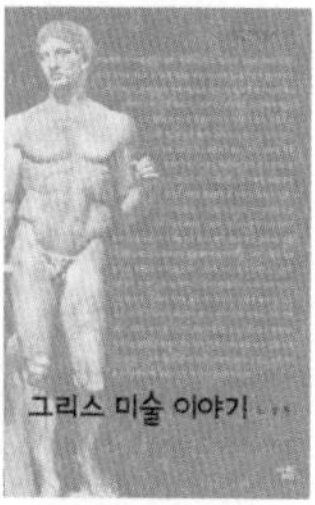

114 그리스 미술 이야기

eBook

노성두(이화여대 책임연구원)

서양 미술의 기원을 추적하다 보면 반드시 도달하게 되는 출발점인 그리스의 미술. 이 책은 바로 우리 시대의 탁월한 이야기꾼인 미술사학자 노성두가 그리스 미술에 얽힌 다양한 이야기를 재미있게 풀어놓은 이야기보따리이다. 미술의 사회적 배경과 이론적 뿌리를 더듬어 감상과 해석의 실마리에 접근하는 또 다른 시각을 제공하는 책.

382 이슬람 예술

eBook

전완경(부산외대 아랍어과 교수)

이슬람 예술은 중국을 제외하고 가장 긴 역사를 지닌 전 세계에 가장 널리 분포된 예술이 세계적인 예술이다. 이 책은 이슬람 예술을 장르별, 시대별로 다룬 입문서로 이슬람 문명의 기반이 된 페르시아 · 지중해 · 인도 · 중국 등의 문명과 이슬람교가 융합하여 미술, 건축, 음악이라는 분야에서 어떻게 표현되었는지 설명한다.

417 20세기의 위대한 지휘자

eBook

김문경(변리사)

뜨거운 삶과 음악을 동시에 끌어안았던 위대한 지휘자들 중 스무 명을 엄선해 그들의 음악관과 스타일, 성장과정을 재조명한 책. 전문 음악칼럼니스트인 저자의 추천음반이 함께 수록되어 있어 클래식 길잡이로서의 역할도 톡톡히 한다. 특히 각 지휘자들의 감각 있고 개성 있는 해석 스타일을 묘사한 부분은 이 책의 백미다.

164 영화음악 불멸의 사운드트랙 이야기

eBook

박신영(프리랜서 작가)

영화음악 감상에 필요한 기초 지식, 불멸의 영화음악, 자신만의 세계를 인정받는 영화음악인들에 대한 이야기를 담았다. 〈시네마천국〉 〈사운드 오브 뮤직〉 같은 고전은 물론, 〈아멜리에〉 〈봄날은 간다〉 〈카우보이 비밥〉 등 숨겨진 보석 같은 영화음악도 소개한다. 조성우, 엔니오 모리꼬네, 대니 앨프먼 등 거장들의 음악세계도 엿볼 수 있다.

440 발레

eBook

김도윤(프리랜서 통번역가)

〈로미오와 줄리엣〉과 〈잠자는 숲속의 미녀〉는 발레 무대에 흔히 오르는 작품 중 하나다. 그런데 왜 '발레'라는 장르만 생소하게 느껴지는 것일까? 저자는 그 배경에 '고급예술'이라는 오해, 난해한 공연 장르라는 선입견이 존재한다고 지적한다. 저자는 일단 발레라는 예술 장르가 주는 감동의 깊이를 경험하기 위해 문 밖을 나서길 원한다.

194 미야자키 하야오

eBook

김윤아(건국대 강사)

미야자키 하야오의 최근 대표작을 통해 일본의 신화와 그 이면을 소개한 책. 〈원령공주〉 〈센과 치히로의 행방불명〉 〈하울의 움직이는 성〉이 사랑받은 이유는 이 작품들이 가장 보편적이면서도 가장 일본적인 신화이기 때문이다. 신화의 세계를 미야자키 하야오의 작품과 다양한 측면으로 연결시키면서 그의 작품세계의 특성을 밝힌다.

예술

eBook 표시가 되어있는 도서는 전자책으로 구매가 가능합니다.

019 애니메이션의 장르와 역사 | 이용배 eBook
043 캐리커처의 역사 | 박창석
044 한국 액션영화 | 오승욱 eBook
045 한국 문예영화 이야기 | 김남석 eBook
046 포켓몬 마스터 되기 | 김윤아 eBook
054 재즈 | 최규용 eBook
055 뉴에이지 음악 | 양한수 eBook
063 중국영화 이야기 | 임대근
064 경극 | 송철규 eBook
091 세기의 사랑 이야기 | 안재필 eBook
092 반연극의 계보와 미학 | 임준서 eBook
093 한국의 연출가들 | 김남석 eBook
094 동아시아의 공연예술 | 서연호 eBook
095 사이코드라마 | 김정일
114 그리스 미술 이야기 | 노성두 eBook
120 장르 만화의 세계 | 박인하 eBook
127 안토니 가우디 | 손세관 eBook
128 프랭크 로이드 라이트 | 서수경 eBook
129 프랭크 게리 | 이일형
130 리차드 마이어 | 이성훈 eBook
131 안도 다다오 | 임채진 eBook
148 위대한 힙합 아티스트 | 김정훈
149 살사 | 최명호
162 서양 배우의 역사 | 김정수
163 20세기의 위대한 연극인들 | 김미혜
164 영화음악 | 박신영 eBook
165 한국독립영화 | 김수남
166 영화와 샤머니즘 | 이종승
167 영화로 보는 불륜의 사회학 | 황혜진 eBook
176 테마로 보는 서양미술 | 권용준 eBook
194 미야자키 하야오 | 김윤아 eBook
195 애니메이션으로 보는 일본 | 박규태 eBook
203 영화로 보는 태평양전쟁 | 이동훈 eBook
204 소리의 문화사 | 김토일 eBook
205 극장의 역사 | 임종엽 eBook
206 뮤지엄건축 | 서상우 eBook
207 한옥 | 박명덕 eBook
208 한국만화사 산책 | 손상익
209 만화 속 백수 이야기 | 김성훈
210 코믹스 만화의 세계 | 박석환
211 북한만화의 이해 | 김성훈 · 박소현
212 북한 애니메이션 | 이대연 · 김경임
213 만화로 보는 미국 | 김기홍 eBook
255 비틀스 | 고영탁
270 르 코르뷔지에 | 이관석
313 탱고 | 배수경
314 미술경매 이야기 | 이규현
347 플라멩코 | 최명호
381 샹송 | 전금주
382 이슬람 예술 | 전완경 eBook
387 루이스 칸 | 김낙중 · 정태용 eBook
388 톰 웨이츠 | 신주현 eBook
416 20세기를 빛낸 극작가 20인 | 백승무 eBook
417 20세기의 위대한 지휘자 | 김문경 eBook
418 20세기의 위대한 피아니스트 | 노태헌 eBook
419 뮤지컬의 이해 | 이동섭 eBook
422 롤링 스톤즈 | 김기범 eBook
440 에로스의 예술, 발레 | 김도윤 eBook
451 동랑 유치진 | 백형찬 eBook
460 영화로 보는 로큰롤 | 김기범 eBook

(주)살림출판사
www.sallimbooks.com
주소 경기도 파주시 문발동 522-1 | 전화 031-955-1350 | 팩스 031-955-1355